重庆国家级非物质文化遗产学术研究丛书

宝顶架香庙会

重庆市大足区文化和旅游发展委员会 编
重庆市大足区非物质文化遗产保护中心

李传授　蒋光华　陈学文　编著

图书在版编目（CIP）数据

宝顶架香庙会 / 重庆市大足区文化和旅游发展委员会，重庆市大足区非物质文化遗产保护中心编；李传授，蒋光华，陈学文编著． -- 重庆：重庆出版社，2024. 6.
ISBN 978-7-229-18789-7

Ⅰ．B949.92

中国国家版本馆CIP数据核字第2024NM0960号

宝顶架香庙会
BAODING JIAXIANG MIAOHUI
重庆市大足区文化和旅游发展委员会
重庆市大足区非物质文化遗产保护中心　编
李传授　蒋光华　陈学文　编著

丛书策划：李　子　李　雯
责任编辑：李　子　李　雯　彭昭智
责任校对：何建云
装帧设计：侯　建

重庆出版集团
重庆出版社　出版

重庆市南岸区南滨路162号1幢　邮政编码：400061　http://www.cqph.com
重庆天旭印务有限责任公司印刷
重庆出版集团图书发行有限公司发行
邮购电话：023-61520646
全国新华书店经销

开本：710mm×1000mm　1/16　印张：15.25　字数：248千　插页：8页
2024年8月第1版　2024年8月第1次印刷
ISBN 978-7-229-18789-7
定价：79.00元

如有印装质量问题，请向本集团图书发行有限公司调换：023-61520678

版权所有　侵权必究

"重庆国家级非物质文化遗产学术研究丛书"编委会

主　任：冉华章

副主任：幸　军

编　委：严小红　牟元义　刘德奉　刘春泉　谭小兵

　　　　陈海燕　张书源　罗　敏　苟　欢

《宝顶架香庙会》编委会

主　任：罗晓春　刘青青　杨　桦

副主任：陈奇林

编　委：李　佳　谢　韵　魏传志　王建平　谢　影

　　　　陈朝亮　余开和　罗国家

编　著：李传授　蒋光华　陈学文

宝顶架香庙会影像集

▲ 宝顶圣寿寺、宝顶山石窟、宝顶架香庙会创始人赵智凤像

▲ 宝顶圣寿寺山门

▲ 宝顶圣寿寺狮子坝、四大天王殿、帝释殿

宝顶架香庙会影像集

▲ 宝顶山大佛湾石窟千手千眼观世音像

▲ 宝顶山大佛湾石窟柳本尊十炼图、十大明王像

▲ 架香团队"香焚宝顶"

宝顶架香庙会影像集

▲ 宝顶架香庙会架香团队之一

▲ 宝顶架香庙会架香团队之二（下山巡游图）

▲ 宝顶架香庙会架香团队之三（圣驾、九品香烛）

▲ 宝顶架香庙会架香团队之四（木制仪仗及二十八宿）

▲ 宝顶架香庙会架香团队之五（画八仙）

宝顶架香庙会影像集

▲ 宝顶架香庙会架香团队朝山进香宝顶山大佛湾

▲ 圣寿寺众僧做五十三参

▲ 圣寿寺众僧做供天法会

宝顶架香庙会影像集

▲ 卍（万）福灯图

▲ 烧火龙

▲ 车车灯表演

▲ 万古鲤鱼灯舞表演

宝顶架香庙会影像集

宝顶架香庙会影像集

▲ 宝顶架香庙会期间,艺人用糖画糖人、糖画

非遗需要学术阐述
——"重庆国家级非物质文化遗产学术研究丛书"总序

　　非物质文化遗产是人类社会共同创造的文化遗产，中国的非物质文化遗产是中华文化的重要组成部分，重庆的非物质文化遗产是重庆文化的突出代表。这些文化遗产，数千年来一直生生不息，在民众中自然地生长着、传播着，同时又滋养着广大人民群众。它是劳动人民的精神产品，也是劳动人民的重要精神寄托。我们爱着这些文化，我们护着这些文化，我们弘扬着这些文化，因为它们是我们祖先一代一代口口相传的文化遗产，它们是我们的精神家园。

　　中华文化历史悠久，文脉相牵，一直流传至今，除了丰富的典籍，丰富的历史，丰富的遗迹，丰富的思想，那么，直观的、可见的，甚至深深植入我们生活的，当是丰富的非物质文化遗产（以下简称"非遗"）。那些传统口头文学以及作为其载体的语言，何曾离开过我们？！那些传统美术、技艺、书法、音乐、舞蹈、戏剧、曲艺，何曾离开过我们？！那些传统礼仪、节庆等民俗，何曾离开过我们？！那些传统的体育、游艺、杂技，何曾离开过我们？！还有一些一时难以归类的其他非遗，一直都活在我们周围，成为我们生活的组成部分，成为我们精神的重要支撑。

　　重庆文化作为中华文化的一部分，已经具有三千多年的悠久历史，它孕育出来的巴渝文化、三峡文化、移民文化、革命文化、抗战文化、统战文化，是重庆文化的代表性符号。但是，无论这些文化如何具有时代特点，历史变迁如何久长，其巴渝文化的根脉和底色没有变，重庆这片大山大水的地理文化特性没有变，重庆人民自我创造的特有人文形态没有变。这些丰富的文化遗产，就是重庆人的"性格"，就是重庆人的"形象"，就是重庆文化的独有。如果我们用非遗的观念来认知，它就包含着丰富的民间文学、传统音乐、传统舞蹈、传统戏剧、曲艺、传统体育、游艺与杂技、传统美术、传统技艺、传统医药、民俗。而这些非物质文化遗产的突出代表，就是走马镇民间故事、酉阳古歌、广阳镇民间故事、石柱土家族啰儿调、川江号子、南溪号子、木洞山歌、永城吹打、接龙吹打、金桥吹打、梁平癞子锣鼓、小河锣鼓、秀山民歌、酉阳民歌、苗族民歌、梁平抬儿调、龙骨坡抬工号子、铜梁龙舞、高台狮舞、酉阳摆手舞、玩牛、川剧、梁山灯戏、酉阳土家面具阳戏、四川扬琴、四川竹琴、四川清音、四川评书、车灯、金钱板、重庆蹬技、梁平木版年画、蜀绣、梁平竹帘、巫溪嫁花、大足石雕、奉节木雕、铜梁龙灯彩扎、荣昌折扇制扇技艺、荣昌陶器制作技艺、荣昌夏布织造技艺、重庆漆器髹饰技艺、永川豆豉酿制技艺、涪陵榨菜制作技艺、土家族吊脚楼营造技艺、桐君阁传统丸剂制作技艺、刘氏刺熨疗法、赵氏雷火灸、燕青门正骨疗法、秀山花灯、宝顶架香庙会、丰都庙会、秀山苗族羊马节等53个国家级非遗代表性项目。

自从联合国教科文组织发起保护非遗以来，中国政府是早期响应的国家之一，于2004年加入《保护非物质文化遗产公约》，随即于2011年出台了《中华人民共和国非物质文化遗产法》。重庆是非遗保护的积极参与者，重庆市人大常委会于2012年通过了《重庆市非物质文化遗产条例》，是全国出台非遗条例最早的省级国家权力机关。随即，还出台了《重庆市非物质文化遗产专家评审办法》《重庆市非物质文化遗产代表性传承人管理办法》等法规文件。随着国家对非遗保护工作体制机制的完善，文化部设立了非物质文化遗产司，国家成立了中国非物质文化遗产保护中心。重庆也在文化部门设立了非物质文化遗产处，专门成立了重庆市非物质文化遗产保护中心。各个区县政府也专门在文化部门增加了非遗工作职能，成立了专门的工作机构。保护机构的完善，推动了非遗保护机制的规范。建立了国家级、省级、区县级非遗名录体系，开展了科学的非遗资源普查。重庆被列入国家级保护名录的就有53项、列入市级保护名录的有707项、列入区县级保护名录的有3428项，普查出的非遗资源有4000余项。当然，非遗保护的核心是人，没有人的传承就没有非遗项目的传承，我们随即又开展了一系列的非遗保护传承人认定工作，重庆就有60人被列为国家级传承人，市级传承人有711人，区县级传承人有4737人。非遗保护是一项系统工作，在保护好非遗项目、非遗代表性传承人的过程中，还开展了大量的传承、传播工作，重庆的"永川豆豉食品有限公司"被文化部认定为"国家级非物质文化遗产生产性保护示范基地"，北京服装学院驻重庆荣昌传统工艺工作站成为重庆市首个国家级传统工艺工作站，石柱土家族自治县重庆壹秋堂中益乡巾帼扶贫工坊被认定为"全国巾帼脱贫示范基地"，非遗在助力精准扶贫方面，成果显著。"针灸（刘氏刺熨疗法）"的代表性传承人获得了由中国艺术研究院、中国非物质文化遗产保护中心颁发的"非物质文化遗产传承人薪传奖"，渝东南的黔江区、武隆区、石柱县、秀山县、酉阳县、彭水县被文化部列为"武陵山区（渝东南）土家族苗族文化生态保护实验区"。还有87个单位被命名为"重庆市非遗生产性保护示范基地"。全市每年开展百余场的非遗进校园活动，并且由市文化部门命名为"非遗传承教育基地"的学校及社会非遗传承保护机构就有109个。在学校和社会广播非遗的种子。非遗展示活动、非遗主题演出活动，是非遗传播的重要形式，到现在已经举办了六届重庆非遗博览会。我们还调动高校力量，连续6年共举办30余期传承人研修研习培训班，让非遗传承人的综合性文化修养得到更好提升。同时也吸收众多年轻人参与，让那些喜爱非遗的人得到学习非遗的机会。保存好非遗项目及传承人的资料，是一个重要的保护方式。我们开展了"国家级传承人记录工程"，对国家级非遗代表性传承人，进行系统专题片录制，每个人的成片时间长度近5个小时、图片500余张。对非遗项目的资料性录制也在试点之中。非遗是重要的传统文化资源，如何让它创造性地被转化出来，与现代生活、现代审美相结合，是我们目前需要思考的一个重要问题。全社会参与非遗衍生产品开发的积极性非常高，众多的企业与丰富的产品，给人民的物质文化生活、精神文化生活带来了丰富的供给。文化是流动的，越流动越有生命力，全国性的

非遗交流活动十分丰富，国际性的交流也十分活跃，重庆的非遗经常性走向全国，数十次走到世界各地。引导的力量是强大的，在全国开展脱贫攻坚行动中，充分利用当地非遗资源，充分调动当地人民群众主观能动性，给予专业性培训，给企业注入活力，30多个非遗扶贫点为非遗产品的丰富、为贫困户增收发挥了作用，成为扶贫工作的一大文化贡献。

在综合开展非遗保护工作的同时，我们重视非遗的大众传播，录制了130多集非遗专题片，对重要的非遗项目进行了系统介绍。当然，图书编撰出版是一个重要内容，也是我们的工作重点。先后出版了《重庆市非物质文化遗产名录》（图典一），图文并茂地介绍了一些国家级非遗保护项目。出版了"重庆非物质文化遗产丛书"13卷，通俗地、系统地、全面地介绍了重庆市级以上576个非遗保护项目的基本情况。同时，出版了《重庆国家级非遗传承人采访实录》《文说非遗》，用新闻、文学的方式记录和传播重庆非遗。各项目保护单位的文化部门和项目主体，也出版了大量的非遗图书，有的系资料性记录整理，有的系初步性研究，有的系综合性反映。特别是我院的《川江号子》、巴南区的《接龙吹打乐》、綦江区的《永城吹打乐》、石柱县的《石柱土家啰儿调》、秀山县的《秀山花灯》等，下了一定的研究功夫，具有一定的学术性。这些图书的出版，对于保存和传播重庆非遗发挥了积极作用。

非遗工作中所开展的展示、展演活动，进校园活动，传承教育基地的宣传培训活动，专业性的传承人培训活动，等等，包括图册、通俗读物的出版、专题片的播出，都只是一个简单的展示或介绍，让人们能够直观地感知非遗、认识非遗。但是，这些非遗项目背后的真正成因是什么，它为什么具有这样的文化内涵，产生的背景、历史的长度、表达的文化奥秘、与周边文化环境的关系如何？却鲜有人知晓。编撰出版这套"重庆国家级非物质文化遗产学术研究丛书"，就是解决这个问题，就是传播这样一些文化内容。

本套丛书是重庆非遗保护的重要工作，2018年底，重庆市文化和旅游发展委员会专门印发了《重庆国家级非遗学术研究丛书编撰出版方案》，并召开了专题工作会议。要求各区县、各项目保护单位高度重视，切实加强领导，积极提供条件，抓紧开展研究。重庆市非物质文化遗产保护中心加强工作督促，召开工作推进会，及时通报工作进展情况。工作实施两年多来，研究效果比较好，第一批研究成果计7部专著，于2020年底进行了专家评审，随后送交出版社。

本套丛书收录的国家级非遗项目，当时只有44个项目，此时又批准了9项，我们也计划作为学术研究的对象，计有53项。每个项目一卷专著，计有53卷，每卷约20万字，共约1060万字。每卷内容主要从项目的历史渊源、流布范围、主要内容、学术价值、学术内涵等方面进行阐述。同时，附录代表性作品，兼以配上适当的图片，以便读者对内容有更加直观的认知。我们还提出了编撰出版的四条原则，即坚持学术性，从学术角度对保护项目进行深入阐述；坚持全面性，将所研究项目涉及内容全面收入；坚持权威性，科学、全面、准确描述所研究项目；坚持统一性，统一规划、统一规模、统一体例、统一进度、统一出版。关于这套丛书的体例，我们也进行了基本统一，即要研究项目的自然地理环境；要研究项目的历史渊源；要研究项目的主要内容，如技艺流程、音乐分类、曲牌、唱词、调式、调性、唱腔，民俗活动的主要流程及活动安排等；要研究项目的主要特点、学术、技术；要研究项目的代表性传承人；要研究代表性作品或代表性产品；要呈现项目所取得的主要成绩，以及参赛、获奖、表演、展示等相关情况；还可适当收录专家学者研究与评论的相关文章。

本套丛书的编撰出版是一个浩大工程，需要文化部门的坚强领导，需要专家学者的广泛参与，需要广大非遗工作者、传承人的共同努力。令人欣慰的是，这项工作取得了良好的进展，第一卷就要出版了。期待大家继续努力，不负重庆人民三千多年来创造的非物质文化遗产，用学术的智慧把它呈现出来。

这里还得感谢重庆出版社的同志，是他们同我们一起策划了这套具有文化价值、历史价值、学术价值的"重庆国家级非物质文化遗产学术研究丛书"，是他们的精心编辑才有这样光鲜的文本。再次感谢你们！

  这套"重庆国家级非物质文化遗产学术研究丛书",虽然我们尽了力,但难免存在这样那样的问题,希望读者批评指正,以期我们在今后研究中改进。

重庆市文化和旅游研究院
重庆市非物质文化遗产保护中心
2021 年 6 月 12 日

前言

　　大足建县于唐肃宗乾元元年（758年），隶昌州，以境内"大足川"（今濑溪河）为名。晚唐大顺元年至光化二年（890—899年），曾为昌普渝合四州都指挥、静南军节度使、都督府驻所。自晚唐至两宋400余年间为昌州治地。元初撤州县并于合州，元末重庆明玉珍大夏政权复置大足。明清相沿，隶重庆府。民国仍置，隶四川。今隶重庆市。2011年12月撤双桥区、大足县，建大足区。大足建置至今1260余年。

　　大足地处中国西南，重庆市之西，东经105.28度—东经106.02度，北纬29.23度—北纬29.52度。处成渝之间，扼巴蜀交汇，东距重庆80公里，西去成都216公里。地属亚热带温暖湿润季风气候，年平均雨量1004毫米，年平均气温17.2℃。地貌以丘陵为主，次为低山及溪谷平坝，各占全县面积比重依次为：58.19%、31.93%、9.88%，呈"六丘三山一分坝"之势。主要溪流有3条：濑溪河（沱江二级支流）、窟窿河（沱江三级支流）、淮远河（涪江三级支流）。在大足，丘陵及低山到处是砂岩山崖，硬度适中，宜于雕刻，并掩映在绿树青山之中，万载群山遍布古佛仙迹。大足石刻始于初唐永徽年间（650—655年），历经晚唐、五代，鼎盛于两宋，绵延明清，星罗棋布在大足的青山翠岭之间，计百余处。各级文物保护单位总计74处，雕像5万多尊，铭文10余万字。进入大足就仿佛进入了石刻艺术的海洋，故大足有"石刻之乡"的美称。1961年，北山、宝顶山石窟定为第一批全国重点文物保护单位，

001

大足石刻于1999年列入《世界遗产名录》。列入此"名录"的有宝顶山、北山、南山、石篆山、石门山五山石窟，其中以北山、宝顶山造像最集中，艺术最精湛。

大足石刻湮没在荒山蔓草之中千余年，鲜为人知。我国宗教、史学、艺术各界认为唐代以后，我国石窟艺术已趋衰落，渐成绝响。大足石刻的发现，推翻"唐盛宋衰"旧说，使我国石窟艺术史向后延续几百年。唐末五代北方战乱，社会动荡，经济萧条，大批雕刻艺术家南迁，石窟艺术在北方渐趋式微，而四川盆地的大足和安岳却乘隙异军突起。据载，五代造像，安岳有80多龛窟，大足有100多龛窟。大足五代造像龛窟之多，居全国之冠。到了宋代，大足石刻更加兴盛。尤其是南宋时期，全国各地石刻造像都中道而止，一片萧条；盆地内安岳石刻也顿显颓唐，唯大足石刻一枝独秀，仍然兴盛不衰。

特别值得称道的是规模宏大的宝顶山石窟。它集我国石窟艺术之大成，把华夏石窟艺术推上高峰。大足石刻也因此成为世界石窟艺术的最后一座丰碑！

大足石刻正如习近平主席2014年3月27日在巴黎联合国教科文组织总部发表演讲时指出的那样："佛教产生于古代印度，但传入中国后，经过长期演化，佛教同中国儒家文化和道家文化融合发展，最终形成了具有中国特色的佛教文化，给中国人的宗教信仰、哲学观念、文学艺术、礼仪习俗等留下了深刻影响。"大足石刻初期，只有尖山子、北山等地单一的佛教造像，后发展到石门山佛教与道教融合一山造像，后又发展到石篆山、佛安桥等地佛教与道教、儒教三教融合一山造像，进而发展到妙高山三教教主融合一窟造像。到南宋末，宝顶山石窟造像，虽没有老子、孔子造像，但儒、道文化完全融入宝顶山石窟造像之中，成为三教高度圆融造像地。宝顶山石窟完成了外来佛教民族化的历史进程，使之达到民族化、世俗化、通俗化的高峰，"最终形成了具有中国特色的佛教文化"。1986年1月31日上午，邓小平参观宝顶山石窟时，也连声道："中国的了！中国的了！"[①]

宝顶山位于大足区政府之东北，相距9公里。民国17年（1928年）析回龙乡地置香山乡，以香山场为名。后改称宝顶镇。宝顶镇地貌以丘陵和低

[①]《文化忆往集》（第二辑），重庆出版社2018年版，第22页。

山为主。境内林木荫翳，山峰耸翠，巨石横空，岩石山崖遍山岗，为建寺、雕造石窟提供了物质基础。宝顶山海拔529米，是一罕见的大丛林。宋时山有寺，名圣寿，相传"四十八重殿，走马关山门"。宝顶山，明代就与五台山、普陀山齐名。辖区有中型水库化龙湖和举世无双的世界文化遗产宝顶山石窟，现已成为世界游客向往的著名风景名胜旅游之地。这些，为宝顶架香庙会的产生、发展和传承提供了肥沃土壤。

世界文化遗产宝顶山石窟，早已名满天下。由它衍生出来的宝顶架香庙会也不同凡响，饮誉古今，在全国各地庙会中别具一格，自成一脉。宝顶架香庙会是宗教文化与民俗文化高度结合而绽放的一朵奇葩，是大足石刻不可或缺的重要组成部分。它深深影响着中华民族，尤其是中国大西南地区的意识形态、民风民俗及大足地区的经济、文化、艺术的发展进程。在大西南众多庙会、香会中，有"上朝峨眉，下朝宝顶"的口碑，宝顶架香庙会与峨眉香会并驾齐驱。在国内外，宝顶和普陀香（庙）会是全国朝拜观音菩萨规模最大、气势最宏伟的两大香（庙）会，恰似中华东、西部观音文化盛开的两朵并蒂莲花。

宝顶架香庙会始于南宋，兴盛于元明，极盛于清代、民国，1950年至改革开放前香客大减，改革开放后复又兴起，至今不衰。宝顶架香庙会以观音菩萨为朝拜主神，以农历二月十九观音诞辰前后四五十天为活动会期（今为3~7天），每届架香庙会香客少则十多万人，多则四五十万人。信众来自云、贵、川、陕、湘、鄂、闽、粤等省，约三成为散客，七成为架香团队。架香每年有三四百拨。一拨架香，少则上百人，多则数千人。1946年湖南长沙一拨架香4000多人。架香在引香师引领下，前有流星开道，旗锣伞帐，继有龙灯、狮子前导，接着是灯笼、圣驾、九品香烛、十供抬盒、十八学士、十八罗汉、八仙、二十八宿等。仪式森严，圣驾立"当今皇上万岁 万岁 万万岁"，体现"兴佛事"与"重王事"并举。崇佛尊王是宝顶山石窟的一大特色，也是宝顶架香庙会的鲜明主旨。以架香团队"圣驾"为标志，弘扬佛法，拥护官府，政教相向，僧俗一体。因有这种格局，大足在元代有白莲教首领韩法师韩蕤，聚教徒起义反抗民族压迫，自称南朝赵王；明代又有白莲教首领蔡伯贯率教

徒起义，反抗奇重赋税，建国号大唐，建元大宝。此间不断出现宗教和政府严重对立，但宝顶架香庙会也没有被禁止，因而有"历代香火最盛"，"元明香火震炫①川东"之赞。崇佛尊王，则可避免官府对架香庙会的疑虑戒备，还可获得官府的首肯和支持。这就是宝顶架香庙会延续至今的重要原因。架香沿途遇寺院、场镇、桥梁，进宝顶山游大佛湾、圣寿寺、广大寺，逐地、逐庙、逐窟、逐龛、逐殿、逐尊参拜，最后到千手千眼观世音处交香还愿。架香团队朝山进香，是一种组队集众，融礼佛、商贸、游乐为一体的宗教、民俗文化活动。20世纪90年代后，宝顶架香庙会融入大足石刻国际旅游文化节，更加彰显宝顶架香庙会乃至世界文化遗产宝顶山石窟衍生出来的宗教文化与民俗文化高度结合而绽放的一朵奇葩，由此将宝顶架香庙会推向更高的与时俱进的新台阶。

宝顶架香庙会具有三大历史功能。一是有利于巩固政权和建立和谐文明社会：祈福布善，倡导诸恶莫作，众善奉行；崇佛事，尊王事，政教相向，僧俗同乐；疏解烦恼，净化心灵，寄托希望；对建立和谐文明社会、反腐倡廉等都具有积极作用。明初蜀献王驾临宝顶礼佛，明孝宗命绘观音水莲画像，令僧录觉义成完②领捧至宝顶圣寿寺供养，不仅仅出于宗教信仰，还看到宝顶架香庙会有巩固政权的重要作用。二是促进经济发展：人流带动物流，物流促进经济。清初荣昌知县兼摄大足县事史彰《重开宝顶碑记》称："如欲招集逃亡，宜先开宝顶。"民国防区时期驻军旅长王士俊大力支持宝顶架香庙会，并维护宝顶架香庙会中的秩序，也正是看到宝顶架香庙会在振兴、发展经济方面的积极作用。三是传承发扬民俗文化：宝顶架香庙会在游乐活动中出现的龙灯、狮舞、杂技、戏剧等，都具有浓厚的地方民俗色彩。为当代社会提供历史民俗文化与当代旅游观光文化交融的文化盛宴。

宝顶架香庙会利于国家安定团结，刺激经济发展，推动文明进步，至今生机盎然！

---

① 震炫：使人震动和耀人眼目。
② 僧录觉义成完：僧录，指中央僧录司；觉义，官名；成完，人名。成完才是朝廷送观音水莲画像之人名。而不是僧录觉、义成完两人。

目录
CONTENTS

非遗需要学术阐述　/ 001

前言　/ 001

第一章　宝顶架香庙会源流

第一节　观音信仰在中国　/003

第二节　观音信仰在大足　/006

第三节　圣寿寺与宝顶山石窟　/009

第二章　宝顶架香庙会起源于南宋

第一节　圣寿寺和大小佛湾造像创建于南宋　/023

第二节　大佛湾千手千眼观世音造像于南宋告成　/025

第三章　宝顶架香庙会

第一节　上山路线和启香　/029

第二节　架香团队构成　/031

第三节　架香团队朝山进香活动　/037

第四节　架香庙会期间寺庙内佛事　/069

第四章 从路本看宝顶架香庙会文化内涵

第一节 路本搜集 /075

第二节 从路本看大足民间信仰和民俗 /077

第三节 从路本看忠君、爱国、孝悌等传统五伦文化 /083

第五章 架香庙会中的佛乐

第一节 架香庙会中佛乐谱例及锣鼓曲牌 /101

第二节 架香庙会佛乐特色 /105

第六章 架香庙会的商贸、游乐

第一节 商贸繁荣、游乐丰富的原因 /111

第二节 商贸活动 /114

第三节 游乐活动 /118

第四节 架香庙会中的行和住 /125

第七章 "非遗"申报，传承人和代表性传承人及相关人物

第一节 "非遗"评审及申报 /131

第二节 传承人及传承谱系 /132

第三节　代表性传承人简介　/141

第四节　研究及提供资料人员　/142

第八章　宝顶架香庙会的文化及学术价值

第一节　文化价值　/147

第二节　宝顶架香庙会的学术价值　/155

第九章　传承宝顶架香庙会

第一节　架香庙会现状　/167

第二节　对策　/172

附录　架香庙会科仪原始资料（节选）　/177

参考文献　/227

第一章

宝顶架香庙会源流

第一节　观音信仰在中国

一、观音的前世今生

观世音，又名光世音、观自在、观世自在、观世音自在，略称观音。据印度婆罗门教经典《梨俱吠陀》记载，早在佛教尚未产生前，就有了观世音。只不过那时的观世音不是人身，而是一对小马驹，是婆罗门教神通广大、象征慈悲和善的善神。公元前3世纪大乘佛教兴起，把善神吸收过来，变成一位慈悲为怀、法力无边的"马头观世音"。公元元年前后，才将观世音改作人身，变成一位伟丈夫。释迦牟尼成佛后，对阿难说，在他成佛以前，观世音就已成佛，号曰正法明如来。那时释迦就在那佛下作苦行弟子，蒙其教化，今得成佛。观世音不仅是释迦牟尼的老师，也是当时所有佛的老师。但观音众生无边誓愿度，众生度尽方能成正觉，为助佛弘化，又"倒驾慈航"辅佐释迦牟尼弘扬佛教，济度众生，而为菩萨。至于观世音出身，人们不仅称观世音菩萨是古佛，还说观世音菩萨有高贵的血统。一说观世音菩萨是南赡部州转轮圣王无净念之子。一说观世音菩萨是莲花所化生，并说观世音菩萨是候补佛。待阿弥陀佛初夜入灭，观世音菩萨于后夜便可晋升为佛，名普光功德山王如来，即可掌管教化，普度众生。其佛国土号曰众宝普集庄严。对于大慈大悲观世音菩萨的身世来历，只能说"虽善无征（征验、证实）"罢了。

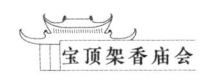

二、观音信仰伴佛来

观音菩萨信仰属于大乘思想，易于大众接受。约在佛灭后四五百年间，大乘思想萌芽，净土思想出现，观音菩萨在净土经典中占有十分重要的地位。以其救苦救难的情怀，受到人们的信仰。不过，观世音菩萨信仰在大乘经典成立之前，早已在印度传播开来。在佛灭后400年左右，迦腻色伽王时期不但有观音信仰，还有观音菩萨的雕塑像，这在玄奘《大唐西域记》中有载。观世音菩萨信仰由印度南部发展到中部、北部，后又经西域传到中国内地及藏蒙地区，在中国内地则是由西到北再到南，通过各种方式传播到全国各地，逐渐在民间形成民风民俗，成为信仰观世音的一道亮丽风景线。

一是借道佛教经典

有史记载，最早始于三国时期。魏国译师康僧铠于嘉平四年（252年）至洛阳，首译《无量寿经》二卷，其中介绍的西方三圣及观世音受到普遍信奉。西晋太康七年（286年），竺法护译《正法华经》，其中的《观世音普门品》被迅速传抄流行。后秦鸠摩罗什于弘始八年（406年）译《法华经》后，其《观世音普门品》也被抄出单独以《观世音经》流行。晋代谢敷撰《光世音应验传》。以后各代观音佛经层出不穷。明清以来，受《高王观世音经》影响，观世音菩萨信仰更加流行于民间。至清代，观世音菩萨更以送子娘娘的形象出现，愈发深入百姓日常生活之中，使观音信仰范围愈趋扩展，自然形成民间另一道亮丽风景线——信仰观世音的民风民俗。

二是搭乘海量辗转传述

观世音菩萨的信仰不仅通过佛经，也通过各种形式辗转传述得以流传。这其中带有浓厚神秘色彩的"灵验""感应"之类传说故事，更让大众易于接受。从历代的佛教史传中，对观世音菩萨的灵感事迹俯拾即是。如《法苑珠林》《比丘尼传》《三宝[①]感应要略录》《说郛》《太平御览》等书，皆

---

① 三宝（梵 Triratna）：佛教语。指佛、法、僧。

有观世音灵感的记载。并有人专门将这些观世音灵感事迹编辑成册,如《观世音应验传》《观音验记》《光世音应验记》等。明清以后,有弘赞《观音慈林集》、李圆净居士①《新编观音灵感录》等出世。其中所载生动故事,让观世音菩萨信仰在社会各阶层中广为流传,为广大民众所喜爱,为信徒所信奉,②形成遍及普罗大众的民风民俗。

三是附丽造像普及

随着佛教经典传入,佛教造像在全国各地石窟及寺庙中出现,观世音菩萨造像也遍布全国各地。东晋时,戴逵和其次子戴颙在山阴(今浙江绍兴)灵宝寺制作阿弥陀佛和观世音、大势至菩萨像,开观世音造像之先河。苻秦至隋唐时,工匠在敦煌东南鸣沙山开凿石窟,其中40余壁《法华经品》壁画中以观世音为主角的"普门品"就占半数以上。新疆早期的石窟,北魏云冈石窟,魏和唐代的龙门石窟,以及四川、重庆各地石窟观世音造像特多,不可胜数。传到中国初期,观世音菩萨是男像,观世音菩萨在唐代才成为大慈大悲的女身。观世音菩萨泥塑、木雕、金属铸造、绘画比比皆是,普及到各大小寺院和普通百姓家。我国最大木雕千手观音是承德外八庙大佛寺(普宁寺)大乘阁里千手千眼观音,高22.23米,重约110吨。我国最壮观的石雕千手千眼观音位于重庆市大足区宝顶山大佛湾石窟大悲阁中,是名副其实的千手千眼观世音。这些千千万万的观世音造像,受广大民众崇敬、供奉、信仰,渐渐深入广大民众心里。许多家庭的神龛上也供奉有各式各样的观世音造像。观音信仰成了各家各户的民风民俗。

四是仰仗文艺演进

观世音菩萨由神坛进入戏曲、小说等文艺作品中。戏曲有《观音救父记》《观世音修行香山记》《马郎妇坐化金沙滩》《大香山》《观音得道》《妙

---

① 居士:梵语意译。原指古印度吠舍种姓工商业中的富人,因信佛教者颇多,故佛教用以称呼在家佛教徒之受过"三归""五戒"者。又指旧时出家人对在家人的泛称。
② 引自温金玉《观音菩萨》,山西高校联合出版社1994年版,第170—175页。

善公主》等。小说中,最著名的就是明代吴承恩写的神话小说《西游记》,影响着不知多少识字众生。此外,专门讲说观音事迹的宝卷也有不少,如《香山宝卷》《鱼篮宝卷》等,这也广泛影响着众生信仰,加速观音信仰在识字和不识字阶层中形成民风民俗。

五是观音应声即至

中国信众普遍认为:观世音菩萨洞察世界,无所不在;拯救众生,无所不能。世间众生只要一心称念菩萨名号,菩萨即时观其声音而前来相救,使众生在遇到各种火难、水难、风难、刀杖难、鬼难(罗刹)、刑难、脱怨贼难等等灾难时,皆得救而解脱。观世音菩萨在人世间能救人于水火,就自然得到众生的欢迎和拥护。观世音菩萨在"西方三圣"里是阿弥陀佛的胁侍,随同佛一起接引众生往生西方极乐世界。中品、下品往生之人,由观世音、大势至菩萨放大光明,至修行者前,为说大乘妙法,即可往生西方极乐世界。这样的观世音菩萨怎不受到中国千千万万信众的信仰?这种信仰当然就会在民间形成一道亮丽的民风民俗风景线。

第二节　观音信仰在大足

一、兴于初唐而盛于五代

观音信仰,在大足起于何时,无法考证。明末清初,本地因连年战乱,纸质文档一扫而光。原住居民死的死,逃的逃,只剩二三姓。现在的一切信仰,都是清初康熙年间开始,从全国各地移民带来的各地民众信仰。唐代中期大足建县,唐代初期永徽年间大足境内就有尖山子石窟,中晚期有圣水寺和北山石窟,历经五代,鼎盛于两宋,造像不断,绵延明清,百余处星罗棋布在大足的青山翠岭之中。进入大足就仿佛进入了石刻艺术的海洋。从这些珍贵的众多石质文物里，可以梳理出观音信仰在大足的脉络。有趣的是，唐初永徽年间大足境内的尖山子石窟，是目前川东地区最早的佛教遗迹，这里就有观音造像和阿弥陀佛五十菩萨造像。观音造像虽已风化，模糊不清，但还可见局部璎珞，说明这时大足的观音不是男像，而是女像。第4号龛阿弥陀佛五十菩萨，据《大正藏·集神州三宝感通录》，说阿弥陀佛五十菩萨是西域天竺①之瑞像。相传天竺鸡头摩寺五通菩萨，往安乐世界拜请阿弥陀佛，告诉当地众生愿生净土，请给以佛之形象，以供养礼拜。当五通菩萨还未回到鸡头摩寺，阿弥陀佛五十菩萨各乘莲花已经到了。五十菩萨里就有观世音菩萨。从这个故事就知道唐初大足地区就有信众信仰观世音，并祈愿随阿弥陀佛和观世音往生净土。

大约中晚唐时期所建造的圣水寺石窟就有千手观音龛和观音龛，与大足北山石窟晚唐所造千手观音龛很相似。两处千手观音造像都是42只手。北山佛湾第9号龛，左右壁造像比圣水寺石窟千手观音龛两壁造像丰富得多。北山佛湾第273号为五代所刻千手观音像，刻有40只手。此龛右壁近门处立一波斯仙，他处无。这两地千手观音龛说明，中晚唐及五代佛教密宗信仰和观世音信仰就在大足地区众生中较为流行。

北山佛湾第245号观无量寿佛经变相，开凿于晚唐，则表现出西方极乐净土情景，并为众生指出，修行十六观法，就可被佛祖接引到西方极乐国土。阿弥陀佛、观音、大势至称西方三圣，居中。周围诸上善人，或簇立四周，或坐于莲上，或漫游廊宇之间，或列坐筵席之首，或扶栏观望，或潜水游戏，均以佛为师，以菩萨为友，亲善和睦，逍遥自在。西方三圣上方，七宝楼阁巍峨屹立，亭台廊榭错落有致，栅栏曲折通达下界。左右壁上建八功德池，池中之水味甘色美，能解除饥渴瘟疫。池中龙舟竞渡，舟旁莲花盛开。殿、台、楼、廊、栏、桥四周，林木翁然，花草争艳，"行行相植，茎茎相望，枝枝相对，叶叶相向，花花相顺，实实相当"。孔雀、鹦鹉、共命鸟、飞天，

---

① 天竺：印度的古称。

或翩翩舞于林间，或展翅翱翔于云端。龛顶之上，祥云朵朵，天乐悬于虚空，不鼓自鸣，交响成曲，皆无上妙音。但北山佛湾出现多龛观世音与地藏同龛，又是怎么回事呢？从造像记得知，观音可以救苦难于在世之人，在世之人死时可以接引其上极乐世界。但已死之人，已在地狱受苦怎么办？这就要后人供奉观世音和地藏菩萨。活着的人有求观世音，已死的人有求地藏菩萨保亡者早生极乐世界。

大足北山佛湾五代造像龛窟之多为全国之冠。因龛窟浅小，风化漫漶厉害，多难辨认。但仍可看到有千手观音、观音、不空羂索观音和西方三圣，还有多处中为阿弥陀佛，左为观音，右为地藏的造像。这说明大足众生对观音的信仰不断。

二、普及于南宋

进入南宋，大足观音信仰更加普遍。北山佛湾出现十三观音变相，还有水月观音、数珠手观音（俗称媚态观音）、如意珠观音、玉印观音、六臂观音、不空羂索观音、净瓶观音、观自在如意轮观音。绍兴年间石门山石窟和妙高山石窟都有西方三圣和十圣观音。如石门山石窟西方三圣和十圣观音，正壁是阿弥陀佛、观音、大势至；左壁为净瓶、宝篮手、宝经手、宝扇手、杨柳观音；右壁为宝珠手、宝镜手、莲花手、如意轮、数珠手观音。这在西方三圣里更加突出观音。说明观音信仰在大足更加深入人心。特别是宝顶山大佛湾千手千眼观世音建成后，弥陀、观音在大足众生心里开花结果，似已形成"家家有弥陀""户户有观音"之民风民俗。

第三节　圣寿寺与宝顶山石窟

一、圣寿寺宋代已是具有中国特色的佛教文化圣地

（一）宋代圣寿寺就是具有中国特色的佛教文化圣地

圣寿寺创建于南宋年间，明、清重建。传宋时"四十八重殿，走马关山门"，是当时著名的大丛林。赵智凤所建宝顶山密宗道场方圆五里都有结界像，自然也是庙宇所在范围，可见当时圣寿寺之规模。至明末，几次毁于战火，庙宇荡然无存。明代几次重修。清康熙二十二年（1683年）性超禅师修复，同治年间（1862—1874年）进行过维修。1982年国家拨款12万元进行维修。21世纪初，国家再次拨款进行维修和扩建，保存至今。明弘治十七年（1504年）曹琼《恩荣圣寿寺记》："完公复延余辈环寺步览，既而叹曰，'完奉命西自五台，东及普陀以为天下名山莫有俪者，至历斯境，崖迹迥异，又不在二山之下，佳哉！佳哉！'"并称："自唐大中及今几七百年，而丛林愈盛，灵应亦赫，每天空日丽或有五彩光射于峰岩之表。"明宣德元年（1426年）镏畋人《重修宝顶山寿圣寺碑记》谈到寺庙重修成，阅读藏经既毕，又为法会以表忏之眨（zhǎ），五色毫光现于殿内。可见，宝顶山早已成名山，与五台、普陀齐名。宝顶山和圣寿寺又是灵山、灵寺，成为善男信女朝山进香之中国特色的佛教文化圣地。

（二）现存圣寿寺，依山而建，殿宇巍峨

现存圣寿寺，有山门殿、天王殿、帝释殿、大雄殿、三世佛殿、燃灯殿、维摩殿等，建筑面积共3386平方米。双层檐，宫殿式建筑，形式古朴，气势雄伟，结构复杂。檐脊、门窗、撑弓等，设计新颖，构思巧妙；花鸟鱼龙，生动形象，雕刻精细；人物造型优美，神态怡然。

第一殿是山门殿。山门前有雄雌二石狮。山门上挂九龙盘踞边框、贴金

的圣寿寺匾。山门殿内两边立有数吨重的海螺石。石内有一孔，传说吹响后可声震数里。山门殿塑有哼哈二将①。

第二殿是天王殿。紧接山门殿左右为四大天王殿。殿前名狮子坝。宗教节日有数百善男信女在此"游佛"过宗教活动。

第三殿是帝释殿。殿门前上方挂有全国政协副主席、中国佛教协会会长赵朴初1990年题写的"圣寿禅院""帝释殿"匾。内有泥塑玉皇大帝②像，右侧为文昌③、关圣④，左侧为灵官和二郎神⑤，后面为韦驮⑥。全殿多护法神。左右两墙壁有古色古香的清代壁画。

第四殿是大雄宝殿。殿前丹桂翠柏，蓊郁幽雅。殿内释迦塑像高约两丈，身居正中，形象丰满，体态端庄，令人肃然起敬，杂念无存。

第五殿为三世佛殿。正中雕塑三世佛，即过去迦叶佛（泥塑），现在释迦佛（木刻），未来弥勒⑦佛（石刻）。佛像颐丰慈祥，典雅稳健，衣纹贴体流畅，脚踏莲花，接引一切愿生西方极乐净土者。两旁为十八罗汉。殿内有清嘉庆年间署理大足县事张澍《前游宝顶山记》石碑，清同治年间大足知县王德嘉书。三世佛殿后有井，井内泉水甘美，四季常清。井后有洞，洞中石雕水月观音立像，旁拥龙神。两边有"宁以守戒贫贱而死，不以破戒富贵而生"的对联。

第六殿是燃灯殿。从洞两边拾级而上，为燃灯殿。殿前有金、银桂花古树各一。殿侧有古银杏树两株，径约3尺，高10丈许。殿中原有燃灯佛，满身雕有燃灯，后燃灯佛被毁。后面沿山崖建有藏经楼。清嘉庆年间署理大

---

① 哼哈二将：本为佛教护守寺庙的二门神。神魔小说《封神演义》据此事附会而成两员神将：一名郑伦，能鼻哼白气制敌；一名陈奇，能口哈黄气擒将。
② 玉皇大帝：道教和民间宗教称其为天帝。
③ 文昌：文昌帝君。亦称"文昌帝""文昌君"。即梓潼帝君。
④ 关圣：亦称"关圣帝君"。指三国蜀将关羽。明万历四十二年，追尊关羽为"三界伏魔大帝神威远镇天尊关圣帝君"，略称关圣。
⑤ 二郎神：神话人物杨戬，又称灌口二郎、灌口神，国祀称号郎君神，是儒道释三方和古代官方尊奉的神祇。
⑥ 韦驮：佛教天名。翻译名义曰："韦驮是符檄用征召也，与今所称护法韦驮无涉。其护法者，盖跋阇罗波腻。跋阇罗，此云金刚。波腻，此云手。其手执金刚杵，因以立名。"
⑦ 弥勒：著名的未来佛。我国的弥勒塑像胸腹袒露，面带笑容。传说五代时布袋和尚是其化身。

足县事张澍后游宝顶山时，在庙里住宿一夜，发现藏经楼还有数千函有价值的经书，曾帮助僧人整理数函经书，叫他们好好保管，免遭鼠啮。

第七殿是维摩殿。登石级而上，即登宝顶。顶上建飞檐翘角的维摩①殿。殿内石台上有维摩居士卧像一尊。维摩居士须眉浩白，神态刚健静穆。石台三面有圆龛 77 个，内镌小佛。有人认为维摩居士卧像下就是赵智凤之墓。笔者认为，赵智凤实是居士，多处自造像都是髦发。他的老师柳本尊也是居士，维摩更是著名的居士放在寺庙的最高处，可见他是以维摩自许。赵智凤墓葬在这里是有可能的，有待发掘。维摩殿前，有明代慧妙禅师所植古柏 9 株，参天屹立。更有黄荆 1 株，高约数丈，大可合围，苍劲挺拔，誉为宝顶奇观。

▲ 维摩殿维摩居士卧像

当今，圣寿寺蜚声中外。

寺内有历代碑碣 10 余件，展禅院兴废演绎于目前。1980 年四川省委

---

① 维摩：佛教人名，或称维摩诘。他是毗耶离城神通广大之大乘居士。曾以称病为由，同释迦牟尼派来问病的文殊师利等反复论说佛法，义理深奥，妙语如珠。文殊等对他倍加崇敬。

〔435〕号文件，批准圣寿寺为开放佛教活动场所。1990年大足县政府〔190〕号文件，将圣寿寺全部交由僧人管理。

1988年6月全国政协副主席、中国佛教协会会长赵朴初视察圣寿寺宗教工作。

圣寿寺被批准为正式开放佛教活动场所后，信教群众皈依本寺的有4700多人。逢农历每月初一、十五和宗教节日，大都到寺庙过宗教活动。几名临济宗的僧众，根据宗教仪轨，晨钟暮鼓，参禅诵经，讲经说法，教育佛门弟子"诸恶莫作，众善奉行"。每年二月宝顶架香庙会，人如潮涌，香如巨薪，令人叹为观止。寺内僧众每年出巨资支持社会福利事业，用于办学、修桥、补路、救灾、修敬老院、幼儿园等，体现僧人爱国爱教、利益众生的热情。

圣寿寺是"国际窗口"。先后接待过美、法、英、日、泰国、新加坡等50多个国家和地区的团体和个人。接待过"日中文化交流佛教文化考察团""国际佛教促进会中国大陆弘法探亲团"等。1990年共计接待国内佛教徒18万余人，游客25万余人，国际友人3367人，港澳台同胞4613人，国内宗教团体12个，海外宗教团体3个，加强了同世界各国爱好和平人民的友好往来，同港澳台同胞连接兄弟姐妹之情，为祖国统一、维护世界和平起到促进作用。

二、宝顶山石窟成为"圣福"传递中心

宝顶架香庙会为什么具有如此巨大的吸引力、凝聚力呢？这与宝顶山石窟艺术的巨大魅力有关，与宝顶山石窟造像民族化、世俗化、生活化、三教合一、多神信仰的内容有着极为密切的关系。宝顶山石窟确如习近平主席所说"最终形成了具有中国特色的佛教文化"。1986年1月31日上午，邓小平参观宝顶山石窟时，也连声道："中国的了！中国的了！"宝顶山石窟造像时多受南宋时期的民风民俗影响，宝顶山石窟造像又影响着中华民族，特别是我国西南地区和大足地区的民风民俗。

宝顶山岩谷深邃，林壑秀美，丛篁古木，葱郁荫翳。其摩崖造像不同于大同的云冈石窟和洛阳的龙门石窟，那里是集皇家的人力物力财力而建造起

来的。这里则是南宋赵智凤靠一人化缘，艰苦奋斗70余年，以"假使热铁轮，于我顶上旋，终不以此苦，退失菩提心"的坚韧不拔毅力和坚定不变的信仰，一手营建起来的人间奇迹！一处规模宏大的密宗道场，已有800多年历史。

宝顶山石窟以大小佛湾为中心，方圆五里都有摩崖结界像，造像计1万多尊。东有龙头山、珠始山，南有高观音。西有广大山、松林坡、佛祖岩，北有文家坡、龙潭、对面佛。它们都是按统一布局而营建的。

大佛湾是一个马蹄形的山湾，崖面长约500多米，高二三十米。东南北三面崖壁上都有造像，或龛，或窟，或洞，或无龛无窟在崖面上直接造像，共计31幅大型雕像。内容前后连接，雕像无一相同，和其他地区龛窟之间没有联系、互不照顾、重复凌乱的现象大不相同。"凡释典所载，无不备列"，"几乎将一代大教[①]搜罗毕尽"，可谓集我国南北石窟艺术之大成。

宝顶山石窟有很多经变[②]造像。在整个大的龛窟或崖面上分刻几组或几十组雕像，连续表述一个或几个不同内容的佛经故事。同时配刻经文、颂词、偈语[③]等文字说明，宛如一幅幅图文并茂挂在石壁上的连环画。这在各地石窟艺术中也是罕见的。

宝顶山石窟众多的世俗化、生活化造像，贴近民众，贴近生活，形象地宣示"佛法即世法，世法即佛法"，成为芸芸众生祈福消灾的理想场所。在这里可以最大限度地满足香客方方面面的诉求和愿望，龛龛窟窟都引发人们美好的向往和希望。香客在理解石窟造像时，往往不自觉地与民风民俗挂上钩。

参拜大佛湾入口处护法神（第2号），可以驱邪纳吉，使自己得到保佑，让恶人得到惩治。

六道轮回[④]龛（第3号），形象而具体地展现前世、今世、来世的因果[⑤]

---

① 大教：指佛教。
② 经变：变相。这里指据佛经故事所作的石雕，用以宣传教义。如父母恩重经变、地狱变相等。
③ 偈语：偈颂。佛经中唱颂词。每句三字、四字、五字、六字、七字以至多字不等，通常以四句为一偈。
④ 六道轮回：六道是天、人、阿修罗、畜生、饿鬼、地狱。这六道的众生都是属于迷的境界，不能脱离生死，这一世生在这一道，下一世又生在那一道，总之在六道里头转来转去，像车轮一样的转，永远转不出去，所以叫做六道轮回。
⑤ 因果：佛教术语。即种什么因，结什么果；善有善报，恶有恶报。

报应关系。参拜它以祈求来世向好的方向轮回。龛中铭文说："君看轮外恒沙①佛，尽是轮中旧日人。"这是告诉香客②，佛原本都是人修炼而成的，人人都可以成佛，都处在同一个起跑线上，让人树立起成佛的远大理想和坚强信心。

千手观音龛（第8号），覆盖于南岩东端"大悲阁"内，造像崖面88平方米，为摩崖浮雕。在观音的左右两侧和头顶上方，似孔雀开屏般浮雕着1007只手，每只手掌心中有一只眼睛，每只手中各执法器。其姿势或伸，或屈，或正，或侧，显得圆润多姿，流光闪烁，金碧辉煌，使人心摇目眩，堪称"天下奇观"。实有千手更显法力无边，实有千眼更显智慧无穷。民间以为千手观音能为众生消灾除难，能使众生获吉祥、得安乐、迁官荣、增寿命、求福德、聪慧名闻，如此等等，各阶层人物的心愿都可以得到满足，故信仰者众，是宝顶架香庙会参拜的主神，是交香、许愿、还愿的地方。

九龙浴太子龛（第12号），有汨汨清泉喷洒而下，被视为"圣水"。用以涤眼，眼清亮；用以擦身，身体壮。

父母恩重经变龛（第15号），上层刻七佛，中层刻父母十恩德，下层刻不孝入地狱图。这龛造像对中老年香客和青年香客都有很大的教育作用和吸引力。老年香客期盼自己的子女孝顺。青年香客从中获得"孝亲思想"的滋养。宝顶山石刻的"孝道"思想十分突出，乃至有学者称其为"报恩道场"。此龛前原有三间送子庙，在此参拜，求子得子，孕妇可求得顺产。众生把洗濯不净的洗衣盆认为是

▲ 浇濯不净的洗衣盆，俗称打儿窝

---

① 恒沙：譬喻。恒河沙之略。恒河，是印度的一条大河。恒河沙之数，譬物之多。
② 香客：朝山拜佛进香的人。

"打儿窝"，丢进银元或铜钱，就可求儿得儿，求女得女。"三千条律令，不孝罪为先。"不孝之人，"人间遭霹雳，地狱饮烊铜"。与民间说"不孝父母遭雷打"一致。

大方便佛报恩经变龛（第17号），雕刻释迦牟尼由孝德成佛报恩的12组造像。这12组造像故事是讲释迦前生和今生行孝报恩的，是从佛教角度展现成佛不忘本、孝为成佛之本的孝亲思想。这里把宋代的太宗、真宗、仁宗三朝皇帝称为三圣，是对君王的尊崇，这里更是借君王"三圣"之口，来为释迦或佛教正名。儒家认为佛家不拜帝王，不孝父母，抛妻离子出家，不要三纲五常，只管自己修炼，逃避现世的义务，是不可取的。借三圣之口说佛教教主释迦牟尼，既尊君，又大孝。并说："三皇掩质皆归土，五帝潜形已化尘。夫子域中夸是圣，老君世上亦言真。埋躯只见空遗冢，何处将身示后人。惟（唯）有吾师金骨在，曾经百炼色长新。"虽是"三教合一"，仍以释为最。

观无量寿佛经变龛（第18号），刻有极乐世界和三品九生，还有许多活泼可爱的莲花童子。龛中刻有"欲生彼国（指天堂）者当修三种净业，一者孝养父母，奉事师长……"等经文，也宣扬孝道。参拜这里可以祈求祖宗亡灵和自身逝世后托生天堂，脱离苦海，乃至可以通过观想修炼，即身成佛。

地狱变相龛（第20号），有地藏菩萨、十大阎王，有阴森恐怖的十八层地狱。这里是祈求许愿亡父亡母亡夫亡妻早日托生，免受地狱之苦的场所，

▲ 截膝地狱醉酒图

正如但丁的《神曲·地狱篇》也意在警诫人们远离恶业、震慑恶人、去恶向善。

柳本尊十炼图在北岩西端，是一幅规模较大的雕像。赵智凤把民间居士柳本尊推向佛教造像主尊供奉，并与对面南岩柳本尊正觉像对应。赵智凤自造像也随处可见。这也是佛教文化中国化的典型表现。

大佛湾南岩有一个石室（可能是僧人用以修禅的遗存），人们把它看作粮仓，在这里参拜许愿，可以求得稻谷满仓。

圆觉道场（第29号），洞内刻十二圆觉[①]轮流向佛问法的场面。洞口甬道左壁刻有"报恩圆觉道场"几个大字。普贤菩萨（十二圆觉之一）座下的白象，来自农村的香客视其为猪，用纸钱擦摩，带回去在猪圈前焚烧，可以保佑猪儿平安无事，又肥又壮。

牧牛图（第30号），以牛比心，以牧童比修行者，雕刻10组禅修渐进的过程，画面有如田园牧歌。农村香客来此参拜，祈求庄稼丰收，牛儿肥壮。

圣寿寺燃灯殿燃灯佛身上，遍体雕有孔穴（有如中医学上的经络穴位），在其中注油点灯。香客参拜燃灯佛，自己身上哪一处病痛，就在佛身那一处孔穴注油点灯，可以求得病痛消除。

香客中妇女特别多。被丈夫虐待的妇女，祈求来世嫁个好丈夫。八字不好（如克夫、丧夫）的年轻妇女，誓不再嫁修来世。

广大香客相信宝顶山菩萨灵验，有求必应。改革开放后，还有做生意的商人、高考的学子乞求菩萨保佑，结果发了财、考上了大学，都要前来进香还愿。

宝顶山石窟汇集儒释道三教的教义和造像，兼包并蓄，融为一堂，从而拥有无比广泛的信众。广大香客的种种诉求和期盼，都能在这里找到具体对应的菩萨，从而具有极强的刺激功能和感化功能。以宝顶山石窟为主要参拜场所的宝顶架香庙会，因此就似一个巨大无比的磁场，把周围各地大大小小庙宇的无数信众吸引过来，不仅川东、川西、川南、川北，甚至湖北、湖南、

---

① 十二圆觉：依次是 1.文殊菩萨 2.普贤菩萨 3.普眼菩萨（观音菩萨）4.金刚藏菩萨 5.弥勒菩萨 6.清净慧菩萨 7.威德自在菩萨 8.辨音菩萨 9.净诸业障菩萨 10.普觉菩萨 11.圆觉菩萨 12.贤善首菩萨。

云南、贵州等地，都有香客前来，覆盖面之广，罕有匹敌。广大香客把宝顶视为"洞天福地"，在四川乃至西南地区俨然成为"圣福"传递中心，是具有中国特色的佛教文化。

三、历代官府大力推崇

宝顶山在南宋时期确立了其作为宗教圣地的崇高地位，从朝廷大臣到地方官员都纷至沓来。大佛湾现存南宋达官贵人的朝觐题刻多起，有朝散大夫、太常少卿兼国史院编修、实录院检讨官魏了翁题书"宝顶山""毗卢[①]庵"两则，朝请大夫、权尚书兵部侍郎兼同修国史兼实录院同修撰杜孝严题书"宝顶山"一则，朝散郎、知重庆军府事姚宗（肉）恭书额"毗卢道场"一则，朝散大夫、知昌州军州事借紫[②]覃怀李耆岗题书"报恩圆觉道场"一则，朝散郎、知昌州军州事兼管内劝农事宇文屺诗碑并序等。

朝廷和地方官员对宝顶山的推崇，唯元代未留下资料，明清时期却有许多碑刻为证。

据宝顶山小佛湾明成化十年（1474年）僧超禅立蜀府《恩荣圣寿寺记》碑载：一是蜀献王朱椿曾于明永乐十年（1412年）驾临宝顶，并曾先后颁令旨两道，保护宝顶寺庙；二是永乐十六年四月，蜀王府长史奉令旨差百户彭善新送禁约[③]帖至宝顶，颁给宝顶住持惠妙，出榜晓谕保护宝顶庙宇免受破坏；三是成化十年六月，蜀王府颁给大足县僧会司宝顶圣寿寺住持超禅禁约榜示[④]一道，再次严禁破坏寺庙。

圣寿寺明弘治十七年（1504年）曹琼《恩荣圣寿寺记》碑：弘治十六年明孝宗命绘观音水莲画像，令僧录觉义成完领捧至宝顶置于圣寿寺供奉。

清代地方官府对宝顶同样关注推崇有加。宝顶山寺庙历经明末清初数十

[①] 毗卢：佛名，毗卢舍那之略。法身佛之通称。即密教之大日如来也。
[②] 借紫：唐宋时规定官员的服色，三品以上服紫，未至三品者特许服紫，称为"借紫"。
[③] 禁约：指禁止某些事物的条规。
[④] 榜示：文告、告示。

年战乱，寺毁僧尽，荡然无存。清康熙二十九年（1690年）荣昌知县兼摄大足县史彰，张榜招僧，邀约绥阳僧性超前来"暇则执刀荷锄，逐渐开垦，力作勤苦，从者皆有悔心，性超独坚忍而不顾"，带领愿留众僧重建宝顶，遂成。

康熙年间，史彰、陆澍、李敬之、史蒂（帝）臣先后4位荣昌知县兼摄大足县，还曾接踵捐俸修葺宝顶庙宇。

僧万庵等立《重修大佛碑记》，康熙四十年（1701年）荣昌知县摄大足县事李维钧捐俸协同合邑士绅耆老共成毗卢大佛1尊。

乾隆三年（1738年），大足知县许元基偕儒学、把总等官员，勘定宝顶山四至界畔，划定保护范围。事见圣寿寺邑民公立《亘古昭然》碑。

乾隆九年（1744年），大足知县许元基、沈潜、李德等助银创修庙宇大殿。

乾隆五十七年（1792年），大足知县许祖武于圣寿寺立《正堂示禁》碑，保护山寺。

嘉庆元年（1796年），大足知县七宝于圣寿寺立《遵例示禁》和《正堂示禁》两碑，永固庙产，不许侵吞斋田僧产及寻衅滋扰。

光绪三十年（1904年），大足知县沈焰圻于圣寿寺立《县正堂示》碑，严禁不法之徒在宝顶架香庙会上兜售漆蜡、桊油、假烛污秽佛像。

自宋至明清两代，宝顶寺庙不断得到朝廷、蜀王府及地方官府的关护示禁。正如圣寿寺雍正四年（1726年）《重修大佛碑记》所言"三奉敕赐[①]"，小佛湾同治年间信众立《善由人作碑》所言："三朝敕旨[②]，皇封万年。"连民国15至19年（1926—1930年）间驻大足的川军第28军第3师王士俊旅长，也看重宝顶架香庙会，在宝顶山建戏院、筑擂台，供庙会期间演戏比武，招揽游客，并派兵维持庙会治安。

1961年，宝顶山石窟和圣寿寺被定为第一批全国重点文物保护单位。

1999年，大足宝顶山石窟和圣寿寺被列入《世界遗产名录》。

[①] 敕赐：皇帝的赏赐。
[②] 敕旨：帝王的诏旨。

四、妙善落户宝顶山及架香传说

妙善得道成观音的传说，早在北宋以前就在中国民间流传，有文字记载，最早见于河南宝丰县香山寺北宋蔡京所书《大悲观音菩萨得道证果史话》碑，说观音菩萨最初来到人间，就是以楚庄王三公主妙善的身份示现的。《汝州志》记载，春秋时，有一位楚庄王，有3个女儿，三公主叫妙善。楚庄王有病，医生说要用亲人的眼和手和药，病才能愈。妙善便把自己的眼和手剜割下来调药给父王服用，果然病愈。后来妙善在大香山得道，现千手千眼庄严宝相①。妙善圆寂后建观音塔，妙善舍利（遗骨）葬在塔下，并建香山寺。而今香山寺的殿宇废毁，大悲观音塔和碑刻尚存。大香山仍然是海内外闻名的观音菩萨道场。

流传最广的是元朝管道昇写有一本《观世音菩萨传略》，讲的就是妙庄王的三公主妙善的故事，把妙善的传说彻底神化和情节化。比上面的故事详而曲折。

大足宝顶山大佛湾千手观音也有一个传说故事，与上面所说有同也有异。传说妙庄王有3个女儿，大女儿叫妙金，二女儿叫妙银，三女儿叫妙善。妙善执意出家，妙庄王千方百计阻止未能留住。她悄悄跑到白雀寺②去修行。妙庄王得知，派兵把白雀寺团团围住，要把女儿抓回，僧尼保护她不让抓走。妙庄王气急败坏一把火烧了白雀寺。庙里500僧尼全被烧死。结果妙庄王长了500阿罗疮，命在旦夕。御医给妙庄王开一药方，要亲生子女的手眼做药引病才能愈。大女儿妙金，二女儿妙银都不愿献出眼和手。三女儿妙善在父王烧庙时，被佛祖救出，飞升普陀山。她知父王需要眼和手，不记父王想要烧死自己之仇，马上各剜割一只眼和手送给妙庄王做药引，以报答养育之恩，以表慈悲之怀。妙庄王服药后，500阿罗疮果然痊愈。佛祖感妙善公主大慈

---

① 宝相：佛教杂语。指形象。
② 白雀寺：位于河南省宝丰县李庄乡古城村西父城遗址之上。相传后秦姚苌白雀年间（384—385年），白雀群集于父城故址古槐之上，人们以为祥瑞而建起寺庙称白雀寺。寺所在的父城是楚平王的儿子太子建的封邑。太子建是楚庄王的曾孙。据传，楚庄王三女儿妙善（观世音菩萨化身）曾于白雀寺出家，后其父王火烧白雀寺，妙善逃离，在香山寺继续修行，终成正果。

大悲大孝，特赐千只眼，千只手，以拯救众生。妙庄王非常感激佛祖和女儿的救命之恩，每当观音菩萨圣诞之日，就组织群臣浩浩荡荡地抬着架香去朝拜白雀寺。

　　传说妙善公主游到大足宝顶山，见这里风景秀丽、岩谷迥异，又闻这里叫香山场，与大香山道场同名，有寺名圣寿，与唐大历六年（771年）陕西南五台山观音道场圣寿寺同名（南五台山道场初赐号为观音台寺，直至唐大历六年，方改号为南五台山圣寿寺。地方百姓求雨抗风，祈福求子，无不应验。六月十九观世音菩萨成道之日，形成此地特有的香会①，相继月余），就欣然住下来，成为大佛湾大慈大悲金碧辉煌无所不能的千手千眼观世音。妙善入驻大足宝顶山大佛湾后，妙庄王和文武百官朝山进香白雀寺的民俗活动，在大足宝顶架香庙会上更加发扬光大。故在宝顶架香庙会《对佛偈》中问："何人请佛把香引，架香又从哪时兴？"众生答曰："目连②请佛把香引，庄王酬神架香兴。"

---

① 香会：旧时民间朝山进香的盛会。
② 目连：佛教人名。摩诃目犍连之略，比丘名。简称目连，是佛十大弟子之一，以神通第一著称。

第二章

宝顶架香庙会起源于南宋

第一节　圣寿寺和大小佛湾造像创建于南宋

宝顶架香庙会是世界文化遗产大足石刻衍生出来的宗教文化与民族文化高度结合而绽放的一朵奇葩。宝顶架香庙会和普陀香会是我国朝拜观世音规模最大、气势最宏的两大香会，恰似观音文化盛开的两朵并蒂莲花。宝顶架香庙会主要顶礼观音菩萨，自正月初至二月底，前后四五十天均为会期；二月十九观音菩萨诞辰，为宝顶架香庙会正会，尤为热闹。宝顶架香庙会何时兴起？一是必须先有宝顶山圣寿寺、宝顶山石窟；二是必须先有著名的观音像。所以，要搞清宝顶架香庙会兴起于何时，必须先知宝顶山圣寿寺、宝顶山石窟、宝顶山大佛湾千手千眼观世音创建的时间。

综前所述，宝顶山大佛湾、小佛湾石窟，造像上万尊，铭文数万余字，却未留下只字造像记，给后人留下了许多难以竞猜的谜底。在小佛湾石窟七佛壁，有南宋嘉熙年间（1237—1240年）承直郎、昌州军事判官席存著的铭文，可惜今日只存"承直郎"3字。重庆府大足县儒学教谕镏畋人，明洪熙元年（1425年）《重修宝顶山圣寿院碑记》所记应是根据席存著之《赵智凤事实》铭文而记。碑曰："宝顶山距大足治东仅一舍许，岩谷深邃，林壑秀美，丛篁古木，蓊郁荫翳，真释氏清净道场地也。传自宋高宗绍兴二十九年（1159年）七月十有四日，有曰赵智凤者，始生于米粮里沙溪。年甫五岁，靡尚华饰。以所居近，旧有古佛岩，遂落发剪爪入其中为僧。年十六，西往弥牟，云游三昼。既还，命工首建圣寿（后碑为寿圣）本尊殿，因名其山曰宝顶。

发弘誓愿，普施法水，御灾捍患，德洽远近，莫不皈依。凡山之前岩后洞，琢诸佛像，建无量功德。"多数学者认为此碑可信。赵智凤生于公元1159年，公元1175年16岁时西往弥牟。公元1178年，19岁，从汉州弥牟"圣寿（宣德碑和《唐柳本尊传》碑为寿圣）本尊院"，学柳本尊密法[①]返县，计划首先建寿圣本尊殿。寿圣本尊殿就是现在所说的宝顶山小佛湾石窟。这时，赵智凤才名其山曰宝顶。原来宝顶山名宝峰山，还是一片荒凉之地，一点不出名，又有谁来这里为谁朝山进香？因此，这之前不可能有宝顶架香庙会。

明弘治十七年（1504年）曹琼《恩荣圣寿寺记》碑："今考其书，毗卢佛在世，托生于本邑米粮里赵延富之家，奉母最孝，母尝抱疾，乃求于其师，将委身救之。母疾以愈，他凡可以济人利物者，靡所不至。清苦七十余年，始幻化超如来地之上品观，此又未必无据也。"这里，没有说赵智凤生于何年，只说清苦70余年。根据镏畋人碑，知赵智凤生于1159年。这有两说，一说，赵智凤16岁云游弥牟3年，19岁返县，从返县后"清苦七十余年，始幻化超如来地之上品观"，90岁左右，即1248年左右。这是多数学者的推论。一说，赵智凤1164年5岁时"委身救母"出家后，"清苦七十余年，始幻化超如来地之上品观"，圆寂了。其卒年是公元1235年左右，则赵智凤寿数76岁左右，僧履71年。席存著任承直郎、昌州军事判官时是南宋嘉熙年间（1237—1240年），铭文清楚地记有赵智凤生年生月生日，没有记智凤圆寂何年何月何日，说明公元1237—1240年赵智凤未圆寂，还在为雕造宝顶山石窟而战。可以推论宝顶山小佛湾石窟和圣寿寺，在公元1190年左右应已建成。至公元1252年前赵智凤已圆寂，宝顶山大佛湾石窟建造就被迫停工。

---

① 密法：真言秘密的教法。

第二节　大佛湾千手千眼观世音造像于南宋告成

　　宝顶山大佛湾千手千眼观世音造像何时建成，是确定宝顶架香庙会兴起的关键时间。于此，一直没有发现片言只语记载。大足宝顶架香庙会究竟何时兴起？南宋嘉定十一年（1218年），重庆知府度正向朝廷呈报《条奏便民五事》时说："臣窃唯蜀之风俗好为游观，凡遇岁时游观之日，无不盛服来会，甚者奉事鬼神亦资以为游观焉。然其志本在祈祷：或祈蚕，或祈谷，或祈福禄，或祈寿命，此外固无他也。然近年以来，衣服益侈，器仗益盛，队火益繁，而所事之神，则被之以黄衣赭袍，奉之以龙床黄伞。其人更相呼集，连结数州，多者千余，少者数百辈。"这里所说"岁时游观"，可能是指每年春秋两季巴蜀的风俗状况，与宝顶架香庙会的状况何其相似。似乎当时的重庆知府度正到过大足，目睹大足宝顶架香庙会的盛况，这才有如此贴切的描写。据考，重庆府所属各地及附近州县庙会只有大足宝顶架香庙会才有架香团队。并从"然近年以来"推断，似乎可以确定大足宝顶架香庙会始于南宋嘉定十一年（1218年）前几年。这时赵智凤已50多岁，宝顶山小佛湾石窟和大佛湾的千手千眼观音也可能早已雕凿完成，信众以为特别显灵，必然吸引着四面八方的善男信女涌向宝顶山朝拜。大足宝顶架香庙会，从所唱的佛偈子内容（见第三章）来看，基本就是或祈蚕，或祈谷，或祈福禄，或祈寿命，与度正所说一致。宝顶架香庙会架香团队人数众多，架香团队盛况空前，香客身佩黄袋、腰系黄裙、手执小黄旗，重庆知府度正所描写的景象与大足宝顶架香庙会的架香队伍何其相似！因此，南宋嘉定十一年（1218年）前几年，宝顶山大佛湾千手千眼观音造像已建成，以朝拜宝顶山大佛湾千手千眼观音为主的宝顶架香庙会风俗已经兴起，并一年盛一年。

第三章
宝顶架香庙会

第一节　上山路线和启香

架香庙会兴盛，交通是必要的条件。《舆地纪胜·昌州》录刺史陈伯彊诗，有"东郊地软桥路平"之句，赞美大足道路平坦通畅。宋代有沟通成渝的小川东道穿越大足全境。元明以后有新兴的东大路通过县南邮亭铺。古来都有东西川之间的官道、驿道通达大足。

大足境内，明清时期有邮递官道多条。嘉庆年间撰写的《大足县志》载：

一由县城向东经清平铺、米粮铺、走马铺、曲水铺、双山铺、锡山铺至铜梁。此路线，宋时是昌州通合州、渝州的小川东道，贴近宝顶，也是铜梁方向香客上宝顶之路。

一由县城向西经石碾铺、瓮石铺（今中敖镇），周家铺至安岳孔雀铺。这是宋时昌州通普州、潼川府路三台及成都的小川东道。也是安岳方向香客来宝顶之路。

一由县城向南经济民桥、兴昌铺、水车铺、龙水镇、双路铺、邮亭铺，与东大路连接，东至重庆，西至成都。自贡、泸州、宜宾等地香客多经此路到宝顶。

一由县城向西经三驱至荣昌，当时被称为赴省（成都）便道。荣昌、隆昌方向香客多经此路上宝顶。

一由县城向北经十三槽（今化龙水库所在处）至遂宁。川北遂宁等地香客多经此路到宝顶。

架香团队抵达宝顶山，因来的方向不同，有五六条路线上山，启香地点也随之不同。由成都、隆昌、荣昌、泸州、宜宾等地经邮亭、铁山、三驱过县城上宝顶的，从倒马坎上山，在山王庙、高观音处启香；来自成都、荣昌、隆昌和永川太平、双石等地的经龙水、复隆、弥陀，从毗卢寺上宝顶和由重庆、万古、铜梁等地而来的在龙头山倒塔附近启香坪启香；由铜梁小林、潼南等地来的从对面佛上山启香；

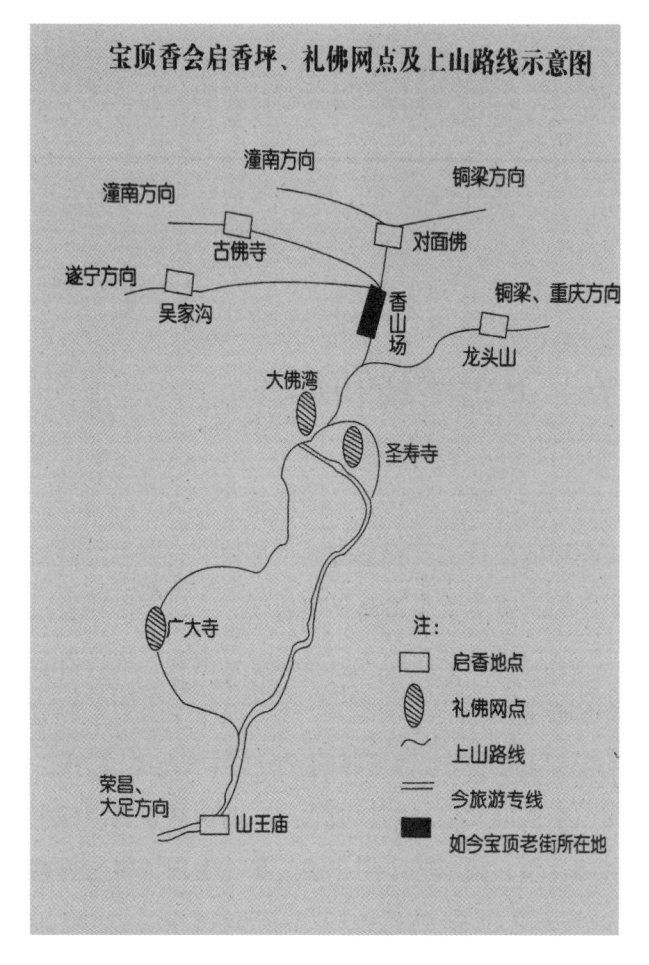

▲ 宝顶香会启香坪礼佛网点及上山路线示意图

由遂宁等地来的走吴家沟上山启香；由中敖、潼南方向来的从古佛寺上山在香山场启香。

第二节 架香团队构成

一、领头人和成员

架香，据说是妙庄王为了感谢女儿妙善公主舍手、眼救命之恩，每年逢女儿诞辰日就由宫里群臣组织浩浩荡荡的架香队伍去朝拜白雀寺，后延及大足宝顶山。架香团队少则上百人，多则数千人，多数为数百人。一般架香团队以老年人特别是妇女居多。铜梁、遂宁每年都有上千人的架香团队朝拜宝顶山。20世纪40年代（大约1946年）有一拨长沙来的架香团队，多达4000余人，从倒塔附近的启香坪一直排到圣寿寺维摩顶，团队还未排完。

架香由各地寺庙出面组织，也有袍哥公口[①]、乡镇里巷参与其间。每拨架香有一至两名会首，由香客公推有号召组织能力、办事热心公正、熟悉架香庙会活动者担任。会首多尽自己的经济能力捐款，并要组织化缘、募捐，为架香团队筹集资金。如果当年称职，次年将被继续推为会首，当得不好将让位别人。

20世纪30年代初，荣昌方向曾有一拨两三百人的纯女性团队来朝拜宝顶山。本县龙水有东岳庙架香、牛奶桥观音庙架香，弥陀有金钟寺、中峰寺、会水寺、九峰山、毗卢寺等处架香，三驱有乐善堂、五佛山等处架香，县城有城隍庙、龙王庙等处架香，兴隆黄沙槽及邮亭、万古等地有架香多拨。外地来自广德寺、宝光寺及铜梁等地的架香难以胜数，仅来自荣昌、隆昌等地的架香就有七八十拨。每年宝顶架香庙会有架香团队三四百拨。宝顶架香庙会每年二月二十聚集宝顶山的所有乞丐组成乞丐架香团队，礼佛拜香一天。二月底，宝顶当地架香团队集中朝山进香一天，结束一年的二月宝顶架香庙会活动。

架香团队礼佛活动由引香师导引。引香师一般是两位，皆提拜香高脚灯笼。两位引香师，一位提前沿途发帖子，告知架香团队何时经过，有多少人。一位随团队引领大队伍前行。行进路上和朝山进香时，团队一律听从引香师

[①] 公口：西南地区民间称袍哥地方组织。

指挥。哪处烧香拜香，哪处唱佛偈子，怎样盘香盘道，怎样票香，怎样交香等都由引香师主持。在引香师的引领下，前有流星开道，继有伞、锣、旗、帐、龙灯、狮子前导，接着是灯笼、圣驾、九品香烛、十供抬货（盒），较大团队还有十八学士、十八罗汉、八仙、二十八宿等。朝山进香者，身佩黄袋，腰系黄裙，手执小黄旗，锣鼓喧天，佛歌悠扬，浩浩荡荡，缓缓而行。

二、仪仗及朝山进香活动实物

流星 有水流星和火流星之别。水流星用碗装水，碗底套圈，圈上系绳，两手各提一个，边走边甩，水不溢出。这多用于白天。晚上用火流星，两个用铁丝编成碗口大小的网兜，中间用一根带子连接而成。内装烧红的炭火，或用玻璃器皿，内装蜡烛，外系固定物及绳，用双手、单手或牙齿咬住，边走边甩，火光闪烁十分好看。

龙灯 有的是一条龙，有的是两条龙。有大龙、彩龙、火龙之分，有的三者齐备。骨架多为竹编，头尾为彩色纸扎成，龙身为彩布或彩绸制作。朝拜完毕，竹编骨架及纸扎头尾弃之，布或绸制龙身留着来年再用。还有龙灯用铁扎成骨架。据说铜梁与大足接界的黄沙槽有一拨架香团队历年二月初十要来朝武香，认为朝武香才灵验，才能保佑自己的地方吉祥有福。他们的龙和狮子用铁条扎成，朝拜完结就拆散铁架到处惹是生非，满街打架。宝顶山各摊各店当天多烧起开水，一旦发生打架，便泼开水阻吓，以此免遭祸殃。据传某地盘龙场架香团队与安岳一架香团队每年二月初十上宝顶朝山拜香，朝拜完毕，两队必打架，时有伤亡。清代大足桂姓知县（可能是同治二年桂衢亨）把这两拨架香团队上山日期强行错开，一架香团队初十上山，一架香团队初九上山，才消除两架香团队打架之灾。

狮子 有平脚狮子、高桩狮子，有的狮子还带有猴角。沿途遇寺庙、场镇同时要耍龙灯、耍狮子。在圣寿寺狮子坝票香[①]时，有高桩狮子的要搭高桩，

---

① 票香：宝顶架香庙会期间，各架香团队交香后，自动到圣寿寺狮子坝献艺，表演狮子、龙灯舞等技艺，一为敬佛，二为娱己娱人，称票香。

▲ 中敖火龙

一张方桌放地上，桌上放一根约6米高的南竹或杉木，上端系上4根粗绳拉在坝子四角固定。"猴"或"狮子"要在竿上做许多高难度动作，以博得观众喝彩。有的还在桌上搭椅子、板凳，一根重一根重得很高，猴和狮子可登高表演。有时遇两拨狮子，进行文斗或武斗表演。"文斗"就是以锣鼓助阵，进行佛偈子对唱或锣鼓曲牌对打，以对答不上为输。"武斗"，就是两拨狮子互相设关或设障碍物，双方

▲ 狮子舞

各自设法破关或排除障碍。以破不了关,或排不除障碍为输。有的架香表演完猴戏和狮子的各种杂技后,晚上还要在竿上放烟火架。

随后是旗锣伞帐、九品香烛、圣驾。

旗锣伞帐　相当于仪仗队。旗是五颜六色的彩旗,视团队大小和经济实力而定彩旗数量。有的还有金瓜、钺斧等等。打击乐器有大锣、小锣、大鼓、小鼓、钹、镲(小钹)等。吹奏乐器如唢呐等。锣鼓曲牌多样,有长牵牛、西皮、二黄、丁家巷、冲天炮、凤点头、金银科、王家场、黄龙滚、二巷子、亮马锣等。打锣鼓曲牌也很讲究,打错了对方不依,就要发生纠纷,大家都比较谨慎。沿途锣鼓与唱佛偈子交替进行,此起彼伏,歌声、锣鼓不断。伞帐,相当于华盖①,伞形,顶边周围围一圈红布,有的红布下还有彩吊,大的架香团队都有,排在圣驾之前。

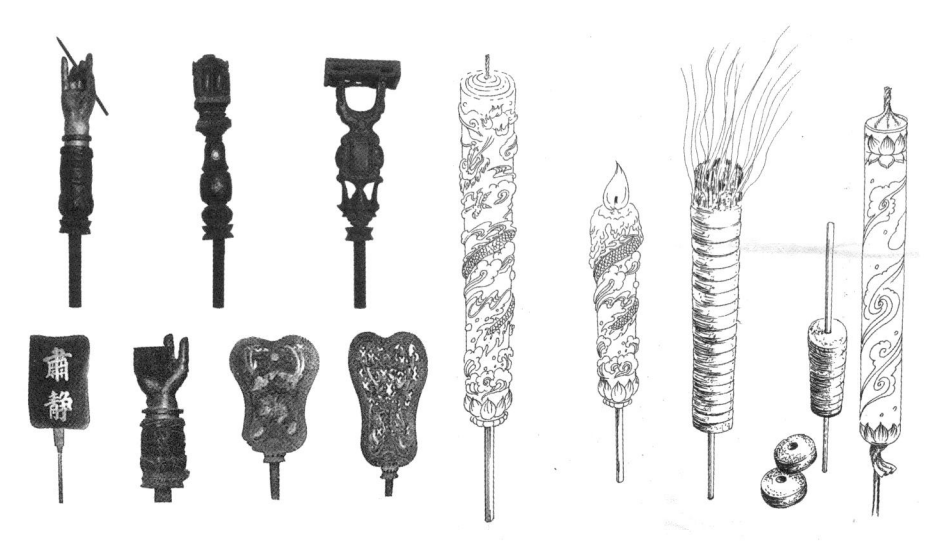

▲ 民国时期部分木制架香仪仗、九品香烛白描图

九品香烛　就是9支大香,9支大烛。大者两人抬1支,小者两人抬9支。最大的大香直径有6寸,围圆约1尺8寸,高达1丈多。大香用一盘一盘的

---
① 华盖:帝王或贵官车上的伞盖。

盘香相连，中间用一根木料作轴加以固定，外用金黄色纸印花裹成，尖顶缀以莲花瓣等装饰物。遂宁广德寺一拨架香团队一支大香由4个人抬。大香多在燃灯殿燃供，燃灯殿外面的石墩子上打有若干圆洞，大香就插在洞孔里，一支香从上到下要燃一二十天。二月架香庙会期间整个宝顶山香烟缭绕，十几里远都可看到烟雾腾腾，随风飘荡。正如李德《宝顶烟云》诗里所云"香烟一片散层云"。人们一上山就香味扑鼻。一根大烛也要2人或4人抬。最大的烛直径也有五六寸，围圆一尺七八寸，高丈余，又大又好看。烛身为红色，并绕有活灵活现的黄色蟠龙，烛顶边缘用蜡油铸有各色莲花瓣，十分耀眼。九品烛交在千手观音处的观音堂。大烛燃后的蜡油就流在油坑里，多数大烛来不及烧，直接就被刮在油池里。加上燃灯佛背后的大菜油池，每年圣寿寺要收菜油、蜡油30万斤以上。据说1951年架香庙会仍收油15万多斤。

圣驾 一般都较豪华，漂亮，但有繁简之分。繁者要雕龙楼、宝殿、大雄殿、钟鼓楼、山门、韦驮、观音等寺庙宫殿和诸佛菩萨，中间立万岁龙牌①。四角以大小相似的珊瑚、珍珠、玛瑙等物串成吊。圣驾雕有寺庙宫殿和诸佛菩萨，其中为什么一定有韦驮、观音呢？因为宝顶架香庙会主要是朝拜观音菩萨，而韦驮又是观音菩萨的护法神。《普陀洛迦山志》记载有韦驮与观音的民间传说。观音化为美女在嘉陵江上为艄公化缘造桥，解决渡江之苦，许愿谁能用银锭击中她，即可娶其为妻。许多有钱公子把银锭往美女身上打去，就是打不中，全落在艄公船里。韦驮正好路过江边，一见船上美女不觉滋生爱慕，将自己辛苦挣来的工钱，随身边一老人的手势举银扔去，银子不偏不倚正中美女胸怀。少女一看，是仙人吕洞宾在捣鬼。不得已，便将一船银子送老艄公造桥，并将实情告诉韦驮，随即带他回普陀山，做自己的护法神，成了"有情人未成眷属"的"对面夫妻"。②最简者，也必有四方轿，轿上有"当今皇上万岁，万岁，万万岁！"牌位。一般圣驾由4人抬。

圣驾后是十八学士、十八罗汉、八仙、二十八宿和十供养。

---

① 龙牌：指牌上写有"当今皇上万岁，万岁，万万岁！"的牌位。
② 引自温金玉《观音菩萨》，山西高校联合出版社1994年版，第86页。

十八学士 历史上关于十八学士有两种说法，一是指唐太宗开文学馆时所设，二是指唐玄宗开元年间所设。

十八罗汉 原为十六罗汉。据玄奘译《法住记》，释迦牟尼曾令十六个大阿罗汉常住人世，济度众生。十六罗汉之名为：宾度罗跋罗惰阇、迦诺迦伐蹉、迦诺迦跋厘惰阇、苏频陀、诺讵罗、跋陀罗、迦哩迦、伐阇罗弗多罗、戍博迦、半托迦、罗怙罗、那伽犀那、因揭陀、伐那婆斯、阿氏多、注荼半托迦，五代以后，加上难提密多罗和摩拿罗多为十八罗汉。另有一说，误将第一尊宾度罗分为两人，加难提密多罗为十八罗汉。五代张玄等始画十八罗汉像。此后寺庙多供奉十八罗汉。

八仙 指民间传说中的汉钟离、张果老、吕洞宾、李铁拐、韩湘子、曹国舅、蓝采和、何仙姑。

二十八宿 是我国古代天文学家为了观测天象及日、月、五星在天空中的运行，在黄道带与赤道带的两侧绕天一周，选取了二十八个星官作为观测时的标志，称为"二十八宿"。它又平均分为四组，每组七宿，与东、西、南、北四个方位和苍龙、白虎、朱雀、玄武（龟蛇）四种动物形象相配，称为四象。二十八宿的名称与四象的关系是：东方苍龙：角、亢、氐、房、心、尾、箕。北方玄武：斗、牛、女、虚、危、室、壁。西方白虎：奎、娄、胃、昴、毕、觜、参。南方朱雀：井、鬼、柳、星、张、翼、轸等。

宝顶架香庙会的十八学士、十八罗汉、八仙、二十八宿，有的是画，有的用纸扎，有的是木雕，有的用金属铸造，有的由人装扮，不一而足。2002年宋朗秋、李传授、张划在弥陀采访时发现民国时期制作的木制二十八宿，有日、月、苍龙、白虎、朱雀、玄武、象等等。用画、

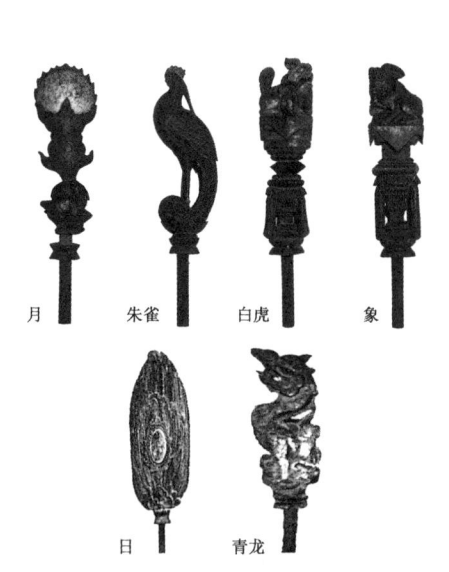

月　朱雀　白虎　象

日　青龙

▲ 民国时期部分木制二十八宿

用纸扎、用木雕、用金属铸造的十八学士、十八罗汉、八仙等随大队伍前行。有的架香团队由小孩或成人化装坐在轿上两人抬着前进，要到宝顶山启香坪才装扮。还有的架香团队自带轿子、衣物，由队内香客到启香坪装扮，由自己人抬着前进。有的架香团队是到宝顶山启香坪请人、租衣、租轿，请小孩装扮十八学士、十八罗汉、八仙，然后又请劳力抬着朝山拜香，规模大，声势宏，十分热闹。衣服、鞋帽，一般仿川剧古装制作或借用川剧团队（戏班）的古装服饰。形象也多仿川剧剧目中的有关形象装扮。

十供养 十供养，指香、花、灯、水、果、茶、食、宝、珠、衣。有的用盘子端，一人端一供。有的用抬盒抬，一种供品一架抬盒，浩浩荡荡鱼贯而行。

第三节　架香团队朝山进香活动

一、沿途参拜活动

架香团队朝山进香在大足及中国西南地区 800 多年前就已形成特有的民风民俗（重庆知府度正称为蜀之风俗）。团队在引香师带领下，有人先行沿途送帖子，告知所经的地方政府、袍哥公口、寺庙僧侣，并把黄纸或红纸印的帖子，贴到所经过的场镇街道两边各家各户、各大商店的门上。上写"敝队（或社）某日到贵码头（或贵社）朝圣，多少人，请接待"等字样，后文是某地某团队名。到时当地主人都要出来接驾，行跪接跪送之礼，并摆香案烧钱化纸，有的还要放鞭炮迎接。特别是县衙和袍哥各公口所在地都要出来跪拜圣驾。遇袍哥公口，引香师便施礼道：

我是某某小码头，今日来到贵码头。

承蒙贵驾来接我，龙华会①上把香焚。

在烧香烧钱纸，跪拜圣驾时有两段唱词。

其一：

> 我来参驾把香焚，驾中景致数不清。
> 刻起龙楼非一处，雕成宝殿有几层。
> 值钱木料来起底，巧手匠人去穿金。
> 前面修立大雄殿，钟鼓楼下是山门。
> 四角都是珊瑚吊，珍珠玛瑙来造成。
> 前殿修造韦驮佛，后殿又塑观世音。
> 诸佛菩萨无其数，万岁龙牌在当心。
> 五凤楼台真可比，峨眉胜景也难寻。
> 今日灵山来赴会，真是龙华会上人。

其二：

> 前朝天子万岁牌，人子②焚香上殿来。
> 一统乾坤洪福大，三呼万岁紫云开。
> 雕龙绣凤匠施巧，左臣右相列金阶。
> 众等焚香参拜你，保佑双亲永无灾。

跪拜圣驾完毕，袍哥公口即吟唱送别：

> 道友修行来朝山，不辞路远到灵山。
> 未修迎书来接见，切莫降罪要量宽。

---

① 龙华会：指庙会、香会。
② 人子：人。此为第一人称谦称，我，我们。

有恭无酒实简慢,还望高见一二三。

并致客套之词:"贵码头不嫌我小码头,接待不恭请多多包涵,请贵码头回龙转驾。"

架香团队接着继续前进,转入另一家。

沿途吹打喧腾。每到一处寺院、城镇,或过桥,或遇土地菩萨,都要参拜。烧香、烛及钱纸后,引香师即领唱佛偈子——

(领)佛吔,南吔无唉南无阿弥陀唉佛!

大队伍就一声接一声地唱和——
遇寺庙唱:

粗香一炷炉内燃,香烟正透九重天。
古庙好比灵霄殿,有灵菩萨坐中间。
不吃人间茶和饭,又不要人银子钱。
只要忠孝和善念,保佑双亲福禄绵。

遇过桥时唱:

烧香人子走忙忙,脚踏仙桥进佛堂。
动问仙桥何人造,鲁班仙师造桥梁。
上有桥梁土地神,下有水府三官神。
桥梁土地威灵坐,要到灵山把香焚。

遇桥头土地菩萨唱:

土地神来土地神,你在路上管谁人?

行恶之人你不管，单管我们行善人。
前行三步有桥过，后走三步修行人。
土地公来土地婆，土地坐在桥角角（guó guó，当地方言）。
过桥之人参拜你，让我过去保安宁。

遇路旁土地唱：

烧香人子走忙忙，右有土地在路旁。
脚踏乌云神通广，手执龙拐法力强。
念佛圣号惊动你，安安稳坐镇四方。
土地公公你保佑，保佑灵山见法王。

遇城隍庙朝拜时要唱无常二爷、鸡脚神和城隍、城隍娘娘，有的还要唱判官。

唱无常二爷：

粗香三炷纸一帖，恭身参拜无二爷。
手上拿把芭蕉扇，身穿麻衣一片白。
城隍有票传下令，不怕英雄与豪杰。
人子烧香来参拜，祈保人民回家宅。

唱鸡脚神：

烧香人子意虔诚，焚香参拜鸡脚神。
城隍有票传下令，去拿人间寿满人。
神与无常来议定，忤逆奸诈不容情。
人子焚香参拜圣，祈保人民寿康宁。

唱城隍：

城隍原是一县尊，太爷管阳神管阴。
县长靠神作正柱，奸人谁敢起歪心。
三年恩愿祈神佑，一炷信香对面焚。
城隍位来辅德尊，祈保人民寿百春。

唱城隍娘娘：

烧香人子进庙堂，焚香参拜城隍娘。
自幼本地来生长，天合不绝配城隍。
老爷发怒娘劝讲，善恶分明两周详。
人子焚香来参拜，还望笔下发慈良。

唱判官：

烧香人子进殿前，城隍殿下鬼判官。
双手拿着生死簿，善恶分明两周全。
行善之人添福寿，作恶之人改寿年。
人子烧香来拜献，笔下留情福禄绵。

遇龙王庙唱龙神、龙王：

烧香人子拜龙神，永镇山河显威灵。
一保人间无疾病，二保凡民无灾星。
三保风殃并火烛，四保万国人安宁。
五龙归位人丁旺，八将还方六畜兴。

龙王菩萨坐得高，拜香崇神把香烧。
九江八河神通晓，五湖四海把名标。
行善之家有善报，作恶难免祸不消。
人子虔诚来参拜，祈保回家寿年高。

总之，路上遇什么唱什么。有的照路本唱，有时即兴随兴唱。路过寺庙必去参拜，参拜什么佛唱什么佛，有什么菩萨唱什么菩萨。从场镇路过时，见牌坊唱牌坊，见戏台唱戏台，千姿百态，活跃非凡。

二、进香活动

架香团队抵达宝顶山后，要在启香坪启香。启香时要举行仪式，默念请圣。请圣前，先进行解秽①。如何解秽从略。

然后，是谓请圣。所请之圣十分广泛，恭请诸佛诸菩萨诸神诸仙外，还要奉请上三教，释迦佛、孔夫子、李老君；中三教，文武魁神、文昌梓橦帝君、伏魔大帝；下三教，王如子、失师、苏东坡、川主、土主、药王三圣及原始宗教之一切神圣，齐请在香坛，大作证盟。

弟子敲锣，击鱼，鸣鱼，启香，进香，忏香，沿途拜跪，称阳称号。

请圣完毕，再唱佛偈子：

一声梆响佛号起，众位香友可曾齐。
个个炉中香发起，佛号哀哀不可离。
休要贪玩在此地，一天莫得几个时。
头上系帕放下去，手捧炉香快快些。
油竹香筒来背起，香筒香衣尽背齐。
听我从头说详细，需要谨记在心的。

---

① 解秽：秽，大足方言，音"yù"。秽指香客身上的脏气、秽气、邪气、凶秽气。解秽即解除香客身上的秽气。架香庙会期间，各地小孩用柏树枝放在路上点燃成烟，让香客跨过去，就算解秽，已成民俗。

花费银钱莫怄气，朝山拜佛是好的。
菩萨自然保佑你，后来总是发财的。

启香后，山王庙一路架香团队先到广大寺，后到圣寿寺，再下大佛湾。朝完大佛湾又上圣寿寺。龙头山、对面佛等地上来的架香团队直下大佛湾，朝完大佛湾就上圣寿寺，直达维摩顶。在山王庙（宝顶大佛湾南岩西端山王龛前也要唱）唱：

朝拜山王天子神，原是彭祖三化身。
坐虎真龙统世界，常将日月子中存。
三头六臂神通大，开天辟地显威灵。
入庙有感为第一，万年香火锁乾坤。

到万岁楼前唱总参：

一一位前把愿酬，诚心诚意三叩头。
未宣文书口来诉，起心就知你根由。
也有三年香愿酬，红笔上用黑笔勾。
弟子烧香来朝贺，永无重灾在后头。
香在炉中烛在台，烧香人子跪一排。
高的高来矮的矮，痴的痴来呆的呆。
也有烧香为父母，也有为除一身灾。
也有烧香求儿女，也有烧香为钱财。
也有烧香为求官，也有为求好运来。
弟子虽然在引带，眼见诚心把素斋。

原大佛湾进口处称十八梯。下十八梯，架香团队要逐龛逐窟地参拜并唱佛偈子。从这些佛偈子中可以看出信众是如何理解大佛湾石窟的。拜护法神

（俗称九皇佛祖）时唱：

> 九皇佛祖九尊神，各司法宝显威灵。
> 志气昂昂立崖上，英雄抖擞护道场。
> 修炼百年成正觉，皈依三宝救奇灾。
> 金刚神圣大菩萨，祈保清吉享荣华。

六道轮回图，人称转轮大王。参拜时唱：

> 转轮大王是尊神，天宫地狱都有人。
> 自古人生受苦难，谁能跑脱转轮回。
> 听佛常教勤修炼，能竭烦恼出轮回。
> 人子焚香参拜你，一年四季享太平。

到华严三圣[①]前唱：

> 烧香人子进庙堂，三尊大佛甚辉煌。
> 黄金宝塔端手上，收妖伏怪把孽降。
> 魑魅不敢来侵扰，魍魉回避去躲藏。
> 人子焚香参圣像，祈保清吉百年长。

> 人子焚香拜文殊，香山顶上现束雏。
> 当初本是庄王女，至今还作佛门徒。
> 父母恩情无报答，菩萨佛号有称呼。
> 文殊佛来大菩萨，祈保清吉享荣华。

---

① 华严三圣：佛教术语。毗卢遮那佛为中尊，普贤文殊二菩萨为左右之胁士。

人子焚香到佛前，志心皈命拜普贤。
　　佛与观音为姊妹，民来佛殿报椿萱①。
　　峨眉山上开金顶，元始门下得秘传。
　　人子焚香来参拜，祈保回家福寿全。

再过去就是金碧辉煌的千手千眼观世音菩萨。按《昭和大正藏图像部》载有千手千眼观世音。据《千手千眼观世音菩萨广大圆满无碍大悲心陀罗尼经》所说，她系毗卢遮那佛化身的降魔像。二月宝顶架香庙会主要就是朝拜千手千眼观音。交香时，除把九品大蜡烛交在此处外，还要烧文书。烧文书时，人人要跪拜在千手观音堂前，听引香师一一念朝山拜香者之名字。有的架香团队人多一跪就要跪几个钟头。参拜千手千眼观音所唱佛偈子特别长：

　　千手观音大菩萨，身披一件大袈裟。
　　慧眼都在手中看，法宝全从手上拿。
　　指大千条如春笋，心通万象似莲花。
　　人子焚香来参拜，祈保人子把寿加。

又唱：

　　观音菩萨身穿青，莲花台上笑盈盈。
　　混沌初开有名姓，不知是真不是真。
　　甲子年间来生定，二月十九子时生。
　　不愿皇宫招驸马，一心只想去修行。
　　白雀寺中把经念，红尘不染入丛林。
　　父王把她来挡定，叫她不要去修行。
　　说的言语不肯信，还是一心念经文。

---

① 椿萱：椿、萱连用，代称父母。

五百僧尼齐扶定，终朝每日在念经。
父王那日来围定，就将白雀用火焚。
菩萨飞身南海岸，普陀山下紫竹林。
火烧白雀不打紧，五百尼僧命归阴。
五百僧人齐要命，父王得病在其身。
菩萨一见心不忍，打救父王病脱身。
云端之上把话论，才知修道成了神。
满朝文武齐看尽，不要乌纱入丛林。
多感菩萨有灵应，千里路来把香焚。
有是汉口和重庆，又有合州与保宁[①]。
也有乡场太和镇，还有南部西充城。
大家都是还愿信，隔年赶进遂宁城。
八十公公拄拐棍，翻山越岭把香焚。
有为本生[②]许愿[③]信，有为堂上二双亲。
烧香人子要心正，方可灵山见世尊[④]。
也有初香许愿信，有抬九品进庙门。
也有会首把香引，前打一对高脚灯。
先打开山旗两面，后打执事闹沉沉。
二月十八把寿庆，抬起大烛往前行。
有的抽签问疾病，有的打卦了愿心。
人人到此还愿[⑤]信，个个保佑享太平。

拜到卧佛前唱：

---

① 保宁：今阆中。
② 本生：指自己。
③ 许愿：对神佛有所祈求，许下某种酬谢。
④ 世尊：佛陀的尊称。
⑤ 还愿：求神保佑的人实践对神许下的报酬。

卧佛面前把香焚，哭声四起好悲怜。
九天玄女迎接你，子弟门徒来送行。
雪山修炼好辛苦，终成西天大圣人。
烧香人子参拜你，合会人等万年春。
卧佛睡在石岩前，三炷信香①听我言。
侧身睡着沾土气，一女出力打金棺。
九个儿子膝下跪，十二弟子站床前。
龙华会来卧佛尊，一觉醒来有万年。

到九龙浴太子前唱：

粗香一炷炉内焚，洗手参拜太子神。
落地能说又能走，坐上金盆等水淋。
九龙飞身从天降，吐水冷暖浴你身。
烧香人子参拜你，一年四季享太平。

参拜孔雀明王时唱：

辞别卧佛往前走，不觉来到孔雀门。
孔雀明王是尊神，五湖四海显威灵。
孔雀明王咒一念，蛇咬毒死也回生。
烧香人子参拜你，一年四季保太平。

孔雀佛来出身奇，常在营门展翅飞。
百年养成将身隐，一朝得道把名题。
一日周营惊士卒，不与大鹏比高低。

---

① 信香：我国佛教等宗教谓香为信心之使，虔敬烧香，神佛即知其愿望，因称信香。

人子焚香来拜你，虔诚自不枉皈依。

参拜毗卢道场时唱：

顶礼毗卢古佛尊，人子入庙把香熏。
父母最诚沾佛会，椿萱并茂和我心。
香山顶上称佛号，见我焚香一片心。
毗卢佛来古佛尊，祈保清吉太平春。

参拜父母恩重经变相前唱：

一炷信香供佛堂，报答堂上二爹娘。
十月怀胎临盆苦，养育恩德实难忘。
只为父母恩难报，特来灵山烧宝香。
人子炉内香一炷，拜谢父母把儿养。

风伯①雨师②前唱：

风伯雨师最有灵，人子入庙把香焚。
飞廉③治风通气运，商羊④治雨养黎民。
天上无风不化气，地下缺雨少收成。
人子焚香来参拜，祈保清吉回家庭。

---

① 风伯：神话中的风神。
② 雨师：古代传说中司雨的神。
③ 飞廉：风神。一说能致风又治风的神禽名；一说能致风又治风的神兽名。大佛湾的飞廉已人形化。
④ 商羊：传说中的鸟名。据云，大雨前，常屈一足起舞。

参雷神①唱：

烧香人子意虔诚，拜到雷神宝殿门。
脚踏火轮施法力，手中雷诀显威灵。
十恶②不善遭雷打，四大部洲③应游行。
人子焚香来参拜，祈保清吉回家庭。

一炷信香炉内焚，参拜雷祖④大慈神。
玉皇殿上把旨领，雷公⑤电母⑥下凡尘。
要打人间不孝子，奉法无私不徇情。
雷祖老爷天上恨，恨的一曹忤逆人。
为人在世守本分，不怕官来不怕神。

参雷祖圣母：

雷祖圣母二尊神，曾在虚空显威灵。
毫光闪闪神通大，金甲威威可惊人。
善者庭前添福寿，恶者雷火入他门。
人子焚香参拜圣，祈保清吉享太平。

在观无量寿佛经变相前唱：

---

① 雷神：神话中主管打雷的神。俗称雷公。
② 十恶：佛教以杀生、偷盗、邪淫、妄语、两舌、恶口、绮语、贪欲、瞋恚、邪见为十恶。
③ 四大部洲：四大洲。《西游记》第一回："世界之间，遂分为四大部洲：曰东胜神洲，曰西牛贺洲，曰南赡部洲，曰北俱芦洲。"
④ 雷祖：此指雷神。
⑤ 雷公：神话中管打雷的神。
⑥ 电母：神话传说中司闪电的神。

炉烟起篆道气长，大姐你且听端详。
今逢神会来此院，果算佛门一大贤。
前生修积功果建，今日才来撑愿船。
领受佛职不礼浅，替佛接度大贤才。

善男信女很崇拜目连和地藏，在这里也要唱目连和地藏。这也与民间流传目连救母故事和大足石刻中盛行地藏信仰、刻有八九十龛地藏分不开。

唱目连：

烧香人子意虔诚，拜到目连宝殿庭。
傅相家中为长子，青提夫人是母亲。
手执锡杖去寻母，明珠照破铁围城。
人子烧香来参拜，祈保清吉寿康宁。

唱地藏：

幽冥教主地藏王，十八狱中去寻娘。
手拿明珠并锡杖，不见老娘泪汪汪。
西方佛祖来指引，分发十殿转轮王。
转轮大王来发放，打为白犬王家庄。
阴司寻到阳间转，王家庄度亲生娘。
目连走在门口上，听见声音是老娘。
当时就对员外讲，你家白犬是我娘。
员外当时听他讲，二人两眼泪汪汪。
母亲不得登仙界，九华山前念金刚。
佛祖见得孝心大，封为幽冥地藏王。
母亲封为狮子吼，万古流芳永传扬。

在三清龛前，唱三清①与老君：

烧香人子拜三清，三清大道现金身。
两仪②四象③乾坤定，八卦三才④阴阳分。
老君正气来化就，万古成神到而今。
人子焚香来参拜，祈保清吉百事兴。
初香一炷拜老君，八卦炉内起青云。
斗牛宫中身安稳，黄金宝扇手中存。
鸿钧一愿传三教，老君一气化三清。
烧香人子参拜你，合会人人享太平。

过佛缘桥到鲁班仓（乃一石室）前唱鲁班：

稽首参拜鲁班仙，修造房屋不计年。
佛门修立大雄殿，又与皇上立金銮。
当初黎民石岩站，并无房子把身安。
仙师功劳有千万，百般巧工数不完。

进入圆觉洞唱十二圆觉：

烧香人子意虔诚，圆觉洞里把香焚。
释迦牟尼当中坐，左蓝伽舍两边分。
十二圆觉排左右，人子下跪说原因。

---

① 三清：道教所指玉清、上清、太清三清境。又，道教对玉清境洞真教主元始天尊，上清境洞玄教主灵宝天尊，太清境洞神教主道德天尊的合称。
② 两仪：指天地。
③ 四象：指春、夏、秋、冬四时。又，古代用来表示天空东、北、西、南四个方向的星象。即东方苍龙，北方玄武，西方白虎，南方朱雀。
④ 三才：天、地、人。

民等焚香来参拜,祈保清吉回家村。
圆觉菩萨十二尊,就是当年普修行。
受尽磨(魔)考不退道,终于果满大道成。
今日跪佛问何事,还有什么道不明。
人子焚香参拜你,一年四季保太平。

到牧牛图处唱牧童:

参拜牧童是尊神,这里放牧为何因。
猛虎下山牛儿跑,牧童扬鞭想压惊。
几经训牛牛卧下,牧笛悠悠牛也听。
人牛不见杳无踪,我自修禅在其中。

从十八梯上出大佛湾,通过石巷子到圣迹池西南角的灵官殿,里面有灵官菩萨(今不存)。架香团队也要拜唱:

人子焚香参灵官,尊神在上受香烟。
玉皇有旨人人怕,铁面无私个个寒。
呵风骂雨遭雷打,大秤小斗受金鞭。
人子焚香来参拜,祈保清吉得平安。

烧香人子意虔诚,拜到灵祖宝殿门。
受了玉皇亲封赠,封为纠察大善神。
脚踏火轮神通大,手执金鞭显威灵。
身生斗口威严甚,怀抱雷雨逞奇能。
赫赫尊神明我祖,濯濯厥灵似吾神。
十恶不善遭雷震,四大部洲任游行。
隐恶扬善施怜悯,遣灾散祸救良民。

恼怒大斗和小秤，喜爱孝子并忠臣。
或有一切忤莲车，金鞭打它入幽冥。
今日焚香参拜圣，祈保清吉享太平。

架香团队进入圣寿寺要逐殿逐尊地参拜并唱佛偈子。这些佛偈子可以看出民风民俗是如何理解圣寿寺各殿各尊内容的。在山门拜唱哼哈二将：

哼哈二将最有灵，人子入庙把香焚。
一个周营[①]为上将，一个纣邦监粮行。
陈奇郑伦来交阵，各施法力定输赢。
后来元始亲封赠，封为庙门二将军。
开金锁，透天门，放民进庙把香焚。

继而拜唱狮子坝两边四大天王：

烧香人子进庙堂，焚香参拜四天王。
法身真奄从佛主，金身实可譬金刚。
金身雄壮威风大，相貌狰狞法力强。
人子焚香来参拜，祈保人民福寿长。

烧香人子进山门，四大天王坐两边。
一个手执黄落伞，一个怀抱琵琶琴，
一个手执斩天剑，一个又把宝塔端（手上龙缠绕）。
烧香人子参拜你，合会人等保平安。

从天王殿拾级而上到达帝释殿，殿内供奉的是玉皇大帝，两边是关羽、

---

① 周营：《封神演义》将哼哈二将附会成两员为周天子打仗的神将。一名郑伦，能鼻哼白气制敌；一名陈奇，能口哈黄气擒将。

文昌、川主、火神，殿后还有韦驮。路本中关圣和文昌等神灵的唱词特多。

唱玉皇：

玉皇坐在灵霄殿，二十八宿排两边。
天下神灵你掌管，善恶尽在你笔尖。
年年三月来对案，每逢腊月二十三。
善恶尽要你判断，依然定罪下凡间。
为甚天干又水旱，水打沙田在河边。
雷打多少狠心汉，瘟疫湿气病相连（缠）。
一切都是凡人愿，自造罪孽自惹愆。
报应丝毫不差点，豪强之人埋怨天。
你存好心天有眼，自然丰收太平年。
菩萨只望人行善，并未要些银子钱。
唯愿人人同心念，大家享些好丰年。
吹风下雨莫埋怨，孝顺父母理当然。
第一莫把人盘算，敬老怜贫结善缘。
虽然不登菩提路①，也保儿孙个个贤。

人子焚香拜玉皇，九天金阙是朝堂。
九州万国皆称父，万古千秋也姓张。
日月斗星明晃晃，风雷云雨走忙忙。
唯愿玉皇垂慈爱，祈添人民福寿长。

唱关圣：

关圣夫子武英王，家住蒲州在解良②。

---

① 菩提路：豁然彻悟之路。菩提：此指佛教用以指豁然彻悟的境界，又指觉悟的智慧和觉悟的途径。
② 解良：旧称解州。

为不平把熊虎丧，官兵捉拿无处藏。
观音改容来换相，逃难走至在范阳。
桃园结拜仁义广，乌牛白马祭天堂。
同破黄巾兵百万，斩了华雄酒未凉。
泗水关前威风响，三战吕布逞豪强。
徐州城内失兵将，忠心耿耿保皇娘。
曹操差来一员将，要你归顺向他降。
他把一宅分两院，美女十名当妻房。
秉烛待旦一晚上，神钦鬼伏曹胆惶。
又把两宅分一巷，上马锭金下马宝。
五日大宴三日小，纱囊笼须① 美髯长。
封你寿亭侯不想，朝思暮闷想兄王。
白马坡前打一仗，斩了文丑与颜良。
连辞三次曹不放，单人独马出朝堂。
五关斩了六员将，擂鼓三通斩蔡阳。
黄河又把秦棋丧，三弟跪迎喜洋洋。
新野县内招兵将，徐庶指引卧龙岗。
走马去取长沙府，收了黄忠魏文长。
三气又把周瑜丧，又收凤雏保兄王。
独力去赴单刀宴，神威压服小孙郎。
在生不忘桃园义，玉皇显圣立庙堂。
清朝屡屡把神显，封为仁勇大帝王。
我等焚香参拜你，保我双亲寿年长。

唱文昌：

文昌坐在桂香殿，苦劝世人读圣贤。

---

① 纱囊笼须：关羽有美髯公之誉，以纱囊笼护胡须。

大比年间开科选，人人都想做高官。
进场去把姓名点，个个都是有志男。
都想八轿来挪迁，脚踏青云拜金銮。
祖宗阴德无半点，不怕你的书读完。
诗书不过来帮办，一讲阴功二讲缘。
三讲风水龙脉转，第四才讲读圣贤。
不信你去翻书看，蓝田理该中状元。
为甚他把王生点，损阴薄德罪称天。
后来他的身荣显，皆因前生有善缘。
世间都由人盘算，多少愚人在做官。
天下许多聪明汉，总想德性与善缘。
功名都由人去占，朝中就有几多官。
不信去把古书看，樵夫传记坐金銮。
世人若要为官宦，广积阴功种福田。
稽首参拜文昌尊，身居桂院掌文衡①。
一十七世行正道，宣扬教化号宏仁。
桂籍②宫中为儒范，梓橦县内是家门。
唯愿菩萨垂慈爱，祈保人民乐康平。

唱川主：

川主老爷本姓杨，你的外公是玉皇。
仙姑娘娘生下圣，取名杨戬号二郎。
领师法旨随姜尚③，西岐扶助周武王。

---

① 文衡：旧谓判定文章高下以取士的权力。评文如以秤衡物，故云。
② 桂籍：科举登第人员的名籍。
③ 姜尚：吕尚。西周齐国国君，东海人，姜姓，吕氏，名尚，字子牙，俗称姜太公。佐文王、武王定计灭商，有大功。武王时尊为师尚父。兵书《六韬》传为其所作。

七十二变神通广，腾身又不怕刀枪。
拿了多少英雄将，见过无数大战场。
扶持真主登龙位，黎民高枕乐安康。
不料孽龙兴波浪，要把灌县变成江。
黎民遭此喊冤枉，焚香秉烛告上苍。
玉皇大帝下了旨，才命川主去收降。
收了孽龙平风浪，勒封川主坐庙堂。
家家户户顶敬你，日换水来晚烧香。
烧香弟子参拜圣，保佑双亲寿延长。

唱火神：

火神菩萨在龛中，众等焚香观面容，
红发红须无邪面，火人火伞有威风。
名列封神你为祖，志在南方号祝融①。
火神爷爷法力大，保佑双亲成寿家。

火神老爷领火票②，巡察善恶奏天朝。
行善之家有善报，年年都要奏天朝。
上皇③早把罪定了，水打干旱并火烧。
火神领了一张票，身带火弓下云霄。
恶人自然要倒灶，红光一起房子烧。
一家大小魂吓掉，哭的哭来焦的焦。
多少家当留不到，房子只见灰几挑。

---

① 祝融：神名。帝喾时的火官，后尊为火神，命曰祝融。亦以为火或火灾的代称；又，南方之神，南海之神。
② 火票：清代递送紧急公文的凭证。又，旧时官府逮捕犯人的凭证。
③ 上皇：天帝。

一切罪恶自己造，全然不知半分毫。
凡间之事天知道，点点事儿都不饶。

唱韦驮：

韦驮菩萨法术强，佛法全靠神宣扬。
三洲感应从神起，百般邪恶文君降。
诸天数内施法力，封神榜上显周邦。
韦驮天子大神圣，祈保清吉享太平。

从帝释殿而上是大雄宝殿，殿中有毗卢佛、阿弥陀佛、天龙八部和二十四诸天。先唱大雄宝殿：

香花蜡烛火内焚，香在炉中起青云。
佛祖菩萨来领受，南方丙丁化灰尘。
我为父母身染病，才到此间把香焚。
还望佛神有灵应，一切灾难永不生。

唱阿弥陀佛：

烧香人子意虔诚，拜到接引宝殿门。
西方极乐称佛号，阿弥陀佛大尊神。
接引韦驮西方境，专度善男信女人。
知会人等来参拜，祈保清吉享太平。

唱二十四诸天：

八三诸天佛圣愿，巍巍飒飒号无边。

金阙宫中法力现，玉皇驾下显威严。
身居紫府离尘海，但列天台远市绵。
人子焚香来参拜，祈保清吉回家园。

再上为三世佛殿。中间坐释迦牟尼佛，即现在佛；左边坐迦叶佛，即过去佛；右边坐弥勒佛，即未来佛。大殿两边还有姿态各异的泥塑十八罗汉。架香团队到这里依次拜唱。

唱三世佛殿：

烧香人子进庙堂，三尊大佛在中央。
鹫巅岩前成正果，觉皇①门下把名扬。
三昧化身成正果，九龙吐水出异香。
人子焚香来参拜，祈保清吉回家乡。

唱释迦佛：

烧香人子意虔心，参拜释迦牟尼尊。
三尊大佛莲台坐，诸天罗汉两边分。
当日佛祖初出世，雪山修行受苦辛。
头有雀巢来灌顶，下有芦毛穿膝根。
舍身喂虎救白兔，又舍肉身喂黄莺。
许下四十八大愿，一心要想度众生。
唯愿人人成佛道，只是众生不回心。
功成圆满成佛祖，如来释迦牟尼尊。
大神大愿大慈悲，佛是西天大圣君。
佛前五百阿罗汉，佛后三千谒帝尊。

---

① 觉皇：佛的别称。

阿难迦叶排左右，金童玉女在当心。
护法韦驮对神站，四大天王镇乾坤。
当今天子中央坐，唯愿皇王万万春。
文武百官当朝贺，一统山河管乾坤。
圆满宝塔与琉璃，鹦鹉衔花绕树星。
塔前有一裟婆树，分开八万四千根。
树上叶叶生罗汉，五百僧尼挂紫荆。
只有一枝生舍利，其中佛祖牟尼称。
佛在人间常救苦，佛在婆罗度众生。
佛在祇园常说偈，佛在香坛去领牲。
佛祖坐在莲花上，万民顶敬佛世尊。
众等虔诚为父母，不怕路远与山深。
今日焚香来拜圣，祈保清吉百事兴。

唱弥勒：

烧香人子意虔诚，焚香参拜古弥勒。
当初修行辞家舍，如今成佛天竺国。
镇守西天神通大，庙塑东土受香帛[①]。
人子焚香来参拜，祈保合会永不灭。

唱十八罗汉：

烧香人子进庙堂，十八罗汉排两旁。
今刘神圣四天约，佛与天齐号无疆。
烧香人子来朝贺，普天同庆众神王。

---

① 香帛：指香烛纸表等祭祀用品。

虔诚顶礼来参拜，祈保人民福寿长。

▲ 观音洞图

三世佛殿后是观音洞，洞内有宋代石刻观音立像，洞口有副对联："宁以守戒贫贱而死，不以破戒富贵而生。"洞前有一石井，井中泉水常年甘美清澈。原为宝顶山石窟创建人赵智凤营造密宗道场的灌顶①之处。架香团队在此拜唱水月观音：

水月观音是尊神，合会人等把香焚。
四海龙王陪伴你，甘霖洒遍救黎民。
人子遇难闻声救，普度众生上天庭。
烧香人子朝拜你，风调雨顺享太平。

---

① 灌顶：梵语的意译。原为古印度帝王即位的仪式。佛教密宗效此法，凡弟子入门或继承阿闍梨位时，必须先经本师以水或醍醐灌洒头顶。灌谓灌持，表示诸佛的护念、慈悲；顶谓头顶，代表佛行的崇高。

从左右梯道拾级而上，系燃灯殿，现称观音殿。殿内，前几年雕有汉白玉石雕观音菩萨像，近年又仿照大佛湾千手千眼观音，雕刻有千手千眼观音石像，改称观音殿。民国以前主像是燃灯佛。燃灯佛周身打有 24 个小洞，用以注油点灯。整个燃灯佛被熏得漆黑，历来称为燃灯古佛。善男信女认为燃灯佛可为人解除病魔疾苦，哪里痛，哪里生疮，就在燃灯佛那里供油点灯，病就能好。几百年来成为民风民俗，因此，每年到这里朝拜燃灯佛的信众特别多。清油燃不完，僧人就在佛像背后打一个大油池，一时燃不完的灯油，直流油池。此处佛偈子唱词特多，可从头唱到脚，眼耳鼻舌身皆唱完。拜唱燃灯佛：

> 燃灯菩萨有大恩，不分男女把香焚。
> 烧香弟子来点灯，保佑堂上二双亲。
> 年老之人来点灯，寿长百岁有余零。
> 少年之人来点灯，祸灾无门永不生。
> 求名士子来点灯，连科及第管万民。
> 贸易之人来点灯，一本万利赚金银。
> 姑娘大姐来点灯，三灾八难①永不生。
> 烧香嫂嫂来点灯，保佑父母寿百龄。
> 士农工商来点灯，无灾无难福自生。
> 僧道尼巫来点灯，不焦不愁过一春。

从燃灯殿左右再拾级而上，到宝顶之山巅维摩殿。殿中雕刻有维摩石刻卧像，俗称睡摩佛。实乃一幅维摩诘示疾图。维摩是神通广大的大乘居士，曾以称病为由，同释迦牟尼派来的文殊师利辩论佛法，义理深奥，妙语横生。维摩诘宣扬，达到解脱不一定需要出家修行，关键在于主观修养，在家修行也能成佛。赵智凤崇拜的柳本尊是大居士，把大居士维摩诘放在宝顶最高的

---

① 三灾八难：俗称多灾多难，灾祸接连不断为"三灾八难"。"三灾"和"八难"在佛经上都有确指的内容，与俗语的泛指用法不同。

山巅，说明赵智凤对维摩诘的崇拜。朝拜宝顶的善男信女也崇拜维摩，认为身上哪里有疾，只要摸摸维摩身上那部分，病就会好。参拜睡摩佛时唱：

真香焚起拜睡摩，口中常念阿弥陀。
法身常在龛中睡，俗人常用手来摩。
法身真龛崇佛祖，全身实可启沉疴。
人子焚香来参拜，祈保人民得安乐。

参拜完圣寿寺各殿，而后到勾愿菩萨前还愿：

烧香人子把香烧，勾愿仙官听根苗。
也有三年愿满了，也有初香把神朝。
弟子引首不知晓，还望笔下要恕饶。
今日焚香来了愿，祈保合会乐逍遥。

架香团队还愿毕，参拜活动也就完毕。

架香团队在朝山进香整个过程中，无论朝拜人再多，再挤也不能岔香。一遇岔香，两团队就要盘香，或称盘道（对唱），你问我对，一曲接一曲，不能断。谁接不上，或谁唱不出，谁就得认输，让道。如不认输不让道，必引起纠纷，甚至打架。交香后，狮子、龙灯到圣寿寺狮子坝（四大天王殿前）票香。遇几拨狮子、龙灯转太极图或卍（万）字格，转不出来就走不了。此时两队又要盘香，谁赢谁先走。盘香时一问一答，涉及面宽，知识要广。

盘香时问答举例。

一队问：

老居士来老善人，颗颗数珠手中轮。
一串数珠有多少，颗颗数珠要分明。
好多阳来好多阴？好多明来好多昏？

又有几多超三界？又有几多躲阎君？
又有许多忏圆满？又有许多镇乾坤？
灵丹多少带回去？如何又得保长生？
你将数珠对我论，从头一二说分明。
若还明得这些理，才算龙华会上人。

二队对答：

老居士来听分明，我把数珠表根藤。
数珠一百单八颗，颗颗明珠各有能。
十颗阳来十颗阴，十颗明来十颗昏。
三十颗来超三界，又拿十颗躲阎君。
又将十颗忏圆满，又拿十颗镇乾坤。
灵丹八颗带回去，诵经记数保长生。
今将数珠来表清，颗颗数珠已分明。
我今明得这些理，就是龙华会上人。

一队问：

老居士来老善人，我把佛句你来明。
甚么穿青又穿白？甚么穿的绿豆色？
甚么身穿十样锦？甚么身穿一遍黑？

二队对答：

乌鸦穿青又穿白，鹦哥穿的绿豆色。
孔雀身穿十样景，牛屎巴儿一遍黑。

二队对答后接问：

> 天上桫椤何人栽？地下黄河谁人开？
> 何人把守三关外？何人修行不回来？

一队对答：

> 天上桫椤王母栽，地下黄河老龙开。
> 六郎把守三关外，湘子修行不回来。

一队对答后接问：

> 甚么石上跷脚坐？甚么岩下织绫罗？
> 甚么会打朝天鼓？甚么会唱五更歌？

二队对答：

> 猴子石上跷脚坐，蜘蛛岩下织绫罗。
> 啄木官（鸟）会朝天鼓，金鸡会唱五更歌。

二队对答后问：

> 老居士来老善人，哪年哪月进佛门？
> 哪尊菩萨当堂坐？甚么菩萨两边分？
> 哪个菩萨为庙主？甚么菩萨作证明？
> 哪些菩萨居左右？甚么菩萨莲前分？
> 哪些菩萨齐拱手？哪些菩萨齐听经？
> 几尊菩萨护莲驾？甚么菩萨护法门？

甚么山上接得你？甚么山上更的名？
甚么是你随身宝？甚么是你引路人？
你今从头说我听，不要虚狂乱胡云。
倘若明得这些理，才是龙华会上人。

一队对答：

老居士来听分明，辰年辰月进佛门。
三尊大佛当堂坐，文殊普贤两边分。
伽蓝土地为庙主，韦驮菩萨作证明。
十八罗汉居左右，阿难迦叶莲前分。
五百罗汉齐拱手，三千谒谛同听经。
四脚地神护莲驾，廿四诸天护法门。
须弥山上接得我，峨眉山上更的名。
数珠是我随身宝，灯笼是我引路人。
我将佛规表明了，并无虚言哄你们。
我今明得这些理，也算龙华会上人。

一队对答后接问：

先生问我说得清，我有一言问先生。
你今都是把香引，谅必先生记得清。
天皇倒庄是何圣？地皇倒庄是何人？
人皇倒庄是何姓？三教可有姓何名？
西方何人执掌令？掌令之人何年生？
何人请佛把香引？架香又从哪时兴？
何人赐你头上帕？哪个赐你凳一根？
你今从头说我听，你我都是有缘人。

二队对答：

先生把我来盘问，要盘三教古圣人。
自幼佛堂把香引，略知一二说你听。
天皇倒庄释迦佛，地皇倒庄李老君。
人皇倒庄孔夫子，三教永传到而今。
西方佛主执掌令，四月初八降下生。
目连请佛把香引，庄王酬神架香兴。
黎山老母赐我帕，鲁班又赐凳一根。
虽然我的言语浅，不知说来真不真。
你我同行把香引，都是龙华会上人。
大家同去把香进，同到灵山拜世尊。

宝顶总参：

人子烧香三叩首，总参宝顶说根由。
前朝一仙本姓柳，转劫落在赵家楼。
身中状元将魁首，他将宝顶修出头。
修座观音现千手，年年烧香把恩酬。
卧佛睡在石岩口，十二弟子站床头。
九龙太子龙化就，朝朝日日水长流。
孔雀成佛飞起走，四大天王山门游。
毗卢古佛在洞口，内有千佛在里头。
三圣娘娘雕得有，人民无子把儿求。
七佛修在石岩口，释迦舍身有来由。
十殿朝王打拱手，目连寻娘把恩酬。
又雕背鞍来救母，勒封地藏万古流。

准提道人坐得陡，三清雕在石壁头。
一座山沟难得走，后修大桥任君游。
山王天子站门口，又雕老君骑青牛。
鲁班仓来出米黍，众僧口粮不任愁。
有个古硐名金鼓，上面又修万岁楼。
上面坐的释迦主，十二圆觉在里头。
门外修的狮子吼，老虎下山会人愁。
放牛童儿满山走，九曜星官黄河楼。
三尊大佛雕门口，黄金宝塔现金球。
一座星神车星斗，又修唐僧把西游。
灵官雕在堰塘口，玉皇宝殿把文投。
东南二岳排左右，天王坐在四角头。
二殿修的弥勒佛，日月二光有转流。
三殿大佛现金手，十八罗汉排两楼。
纠察善神修在后，普庵龙神接引佛。
一口古井当路口，吃了长生不老头。
四殿又修燃灯佛，周身上下照清油。
维摩顶上山清秀，睡摩古佛卧中楼。
转身小佛湾下走，千千诸佛在里头。
了愿来在大路口，四值功曹[①]听根由。
也有烧香年深久，也有初香把文投。
我等烧香祈保佑，保佑双亲寿白头。

① 四值功曹：道教所奉的值年、值月、值日、值时四神。功曹指呈递人间焚烧表文上天庭的书吏。

第四节　架香庙会期间寺庙内佛事

一、观音法会

观音圣诞日、成道纪念日、出家纪念日，大足各寺院道场多要举行观音法会，信众一般也要到寺院礼拜。宝顶圣寿寺每年二月的架香庙会，时间长，朝拜者众，寺里僧人忙于接待四方信众，无暇集中僧人做法会。

二、五十三参

从20世纪80年代初起，农历二月十九子时，只在寺内燃灯佛殿举行小范围的念经和烧子时香活动。后来逐渐扩大到圣寿寺狮子坝，并在子时前，集中僧人和会众做五十三参。一拜释迦牟尼佛，二拜观世音，三拜消灾延世药师佛，四拜阿弥陀佛，五拜文殊菩萨，六拜普贤菩萨，七拜大势至菩萨，八拜韦驮菩萨，九拜伽蓝伽舍菩萨，十拜清静大海众菩萨，十一拜历代祖师菩萨，边拜边唱；然后再十二拜释迦牟尼佛，三十二拜观世音，九拜消灾延世药师佛，共五十三次，就叫五十三参。拜完第一次五十三参，还要重拜重唱一次，总计参拜一百零六次。拜毕才烧子时香。五十三参已成民俗，是架香庙会上年年必做之法会。

三、放生法会

法师于放生处，设香案、净水、杨枝等，以慈眼视众生，念其沉沦，深生哀悯。复念三宝，有大威力，能救拔之，作是观已。接着法师做放生法会。

放生法会后，善男信女有的把鱼鳅、黄鳝，有的把乌龟、团鱼放在广大寺门前水池里，以表善心，做善业。放生在民间早已形成民风民俗。

四、撞平安钟

击钟，晨则先紧后缓，暮则先缓后紧。共击108数，表断108结业也。早鸣钟，偈咒云："闻钟声，烦恼轻，智慧长，菩提增。离地狱，出火炕。愿成佛，度众生。"再唱钟偈后，僧众同撞平安钟。

宝顶架香庙会期间，大人、小孩皆可去撞平安钟，已成民俗。

▲ 撞平安钟

五、放荷灯与点卍①（万）福灯

2006年宝顶架香庙会在广大寺放生池搭建8米高，圆座直径8米的普度众生灯组，池里布置有40盏荷花灯。在圣寿寺山门前的圣迹池里搭建有50盏，组成长宽各5米卍（万）字形的卍（万）福灯。人们虔诚地去放荷花灯和点卍（万）福灯，以放飞希望，放飞梦想，祈神求万福。此已成民俗。

六、传灯祈愿法会

信众手捧象征光明和智慧的莲花灯，参加由大和尚带领的传灯祈愿法会。内容为祈平安、祈智慧、祈姻缘、祈长寿、祈事业。注重灯光的艺术效果和环境的巧妙整合。

---

① 卍（wàn）：古印度宗教的吉祥标记。像火焰上升。佛教中以"卍"为佛陀"三十二相"之一。武则天时，定其读音为"万"。

仪式中，信众会将手中的烛光传给身旁的人，然后灯灯相续，不断地传下去。一点烛火在黑暗中转变为光明的火海，让在场的每一个人皆置身于光明之中。

七、其他法会

寺庙内法会活动在宝顶架香庙会期间仍然不断，主要是本县或外地其他寺庙集体组织架香来朝宝顶者自己主持做法会，或由架香团队出钱，圣寿寺僧人代做法会。少则三天，多则七天。有的在观音堂，有的在玉皇殿、大雄殿，有的在燃灯殿，有的在维摩殿。还有的在父母恩重经变相前的送子庙内做送子会。因教派不同，法会内容也不同。当时有三教坛、皇坛、儒教坛、文教坛、万全坛、归根坛等。近年还兴起开光法会、讲经法会、维摩顶朝拜法会、祈福法会、供天法会等。

第四章

从路本看宝顶架香庙会文化内涵

第一节　路本搜集

路本是宋朗秋、李传授、张划为撰写《大足宝顶香会》一书，在走访中搜集到的手抄本。他们三人听善男信女介绍，智凤乡（镇）的李光英女居士曾当过引香师。他们就找到李光英家。李光英，信佛后改法名叫李积福。采访中，她不仅介绍了庙会情况，还唱了多首佛偈子。走时，又取出一本64开本的手写路本《团佛科仪①》，供他们复印。这本路本有《开坛请圣》，除请上三教，中三教，下三教外，还请原始宗教神灵、自家堂上老幼亡魂，并要默像观师。（观师中留下宝贵的引香师谱系之一，见后）

2001年12月，宋朗秋一行三人乘车寻到双桥区茅店子张松柏家。张老80多岁，生病卧床，他们就到床边摆谈。一谈到宝顶架香庙会的事，张老就精神抖擞，滔滔不绝地说个不停，有时还唱上几句佛偈子。走时，送两本在绵纸上书写的手抄本，已破烂。其中一本叫《长参》。一般佛偈子是七言四句、八句。这本少则十二句、十六句，多则五十六句、七十四句，因此，叫长参。另一本叫《拜香请圣全册》，上署："民国二十六年丁丑岁九月上浣吉日，张先有存留在心。"这是1937年前留下的，内容丰富，非常宝贵。并留下引香师谱系之一（见后）。2004年12月他们再次来到张松柏家，得知张老

---

① 科仪：佛教术语。《销释金刚科仪会要》注解一曰："科仪者，科者，断也。禾得斗而知其数，经得科而义自明。仪者，法也，佛说此经为一切众生断妄明真之法。今科家将此经中文义事理，复取三教圣人语言，合为一体，科判以成篇章，故立科仪以为题名。"

已去世。其子张洪光又把另一路本《参神记》给他们。后听说张洪光又生重病,恐怕不能再上宝顶朝山进香路。

黄俊中于20世纪50年代就在香山(宝顶)乡和公社当文书。2002年宝顶香会时,宋朗秋一行三人到黄俊中家。他说,50年代收的架香团队的龙灯、狮子、灯笼、圣驾、八仙、九品香烛、十八学士、十八罗汉、衣服、鞋帽、锣鼓、木鱼、梆子等,放在一间大屋里,后因历史原因全被破坏,十分可惜。黄俊中表示宝顶架香庙会的具体情况他也不知道。他马上叫人把在宝顶镇当过引香师的龙值彬、龙建泽请来。龙值彬把路本《对佛偈》,龙建泽把《参神记》送上。两件资料都是引香师实用的路本,很有价值。特别是《对佛偈》,知识面广又有趣,是创作有关宝顶架香庙会各类文艺作品的宝贵素材。

在20世纪80年代文物普查中,赵甫华在一尊佛像头下发现一本64开本的手抄佛偈子。这本路本分《国运佛偈子》和《大山迎香佛偈子》等。《国

▲ 路本图

运佛偈子》主要内容为宣传抗日，很有特色。

这些路本来自民间，是大足几百年来民风民俗的活化石，非常珍贵，全国难找，可称为国宝。但有的路本满篇错字、漏字、别字、同音字；有的凭猜想尽量改圆满，不免改错、抄错；这些路本是20世纪50年代前民间传下来的，有些观点不免有偏差，请读者自辨之。因珍贵难舍，故一并附录于书后，供学者研究。正文中引用之整首佛偈子，附录中尽量不重复。如有知识广博者，可以加以注释，把一些神话故事、民间故事、民间传说及儒释道三教有关故事，甚至天文地理、《增广贤文》等引入其中，必受广大读者欢迎。

第二节 从路本看大足民间信仰和民俗

一、民间信仰

各架香团队在启香坪要举行隆重的启香仪式，从所请之圣，就可以看出大足民间信仰。《宝顶架香庙会·宝顶总参》："人子烧香三叩首，总参宝顶说根由。前朝一仙本姓柳①，转劫②落在赵家楼。身中状元将魁首，他将宝顶修出头。修座观音现千手，年年烧香把恩酬。"这里一开头就说朝拜的是大佛湾千手千眼观世音。宝顶架香庙会主要顶礼观音菩萨，自正月初至二月底，前后四五十天均为会期，二月十九观音菩萨诞辰，为宝顶架香庙会正会，尤为热闹。1984年兴起二月十九烧子时香，以后逐渐形成宝顶架香庙会以烧子时香为主。这就进一步深化了众生对千手千眼观世音的信仰。因此，人们说，没有宝顶山大佛湾千手千眼观世音也就没有大足宝顶架香庙会——观音信仰是宝顶架香庙会的精神支柱。

---

① 本姓柳：修建宝顶居功奇伟的赵智凤，其师父是川西柳姓大居士。下句"赵家楼"即指赵智凤。
② 转劫：转世。

我们从各架香团队所请之圣,看出宝顶架香庙会除主要信仰观世音之外,信仰十分广泛:

> 神通浩浩,圣德昭彰。弟子有请:奉请南无本师、释迦牟尼尊者佛菩萨;南无三洲感应、护法韦驮尊天佛菩萨;南无大孝、目连尊者佛菩萨;南无幽冥教主、本尊地藏王菩萨;南无大慈大悲、救苦救难、灵感观世音菩萨。
>
> 奉请东方阿閦佛,南方宝生佛,西方弥陀佛,北方成就佛,中央释迦佛。文殊普贤佛,观世音大佛,毗卢遮那佛,恒河沙数佛,无量功德佛。上方上佛,下方下佛,三十五佛,五十三佛,七十七佛,千千遇贤圣,万万遇诸佛。净虚空,遍法界,十方三世一切佛,诸尊位菩萨摩诃萨。
>
> 奉请一报天地盖载恩,二报日月照临恩,三报国王水土恩,四报爷娘养育恩,五报普陀观世音,六报大孝目连尊,七报西天弥陀佛,八报十殿转轮恩,九报九祖生净土,十报父母得长生。
>
> 奉请上三教:释迦佛、孔夫子、李老君。中三教:文武魁神、文昌梓橦帝君、伏魔大帝。下三教:王如子、失师、苏东坡、川主、土主、药王三圣。
>
> 奉请天堂昊天金阙玉皇大帝,天公天母,斗母娘娘,满天星斗,河汉群尊,二十八宿星君,二十四位诸天[①]大圣。
>
> 奉请浩浩苍天上圣,幽幽地府王官,滔滔水府真仙,烈烈阳元祀点。
>
> 奉请东山圣公,南山圣母,当方土地,里城正神,家龛香火,三教佛神,地盘列主,阜老前人,灶神井神,一切神圣,齐请在香坛,大作证盟。

---

① 诸天:佛教界名。欲界有六天,谓之六欲天。色界之四禅有十八天。无色界之四处有四天。其他有日天、月天、韦驮天等诸种天神。即诸天部也。

从各架香团队启香时所请之圣，可以看出大足民间除信仰千手千眼观世音为主外，还信仰上三教、中三教、下三教、自然崇拜、祖宗崇拜、官本位崇拜（见官就磕头）、道教诸仙及原始宗教[①]之一众鬼神，几乎将民间信仰一网打尽，包罗万象。其中，又突出要报天地、日月（二者属自然崇拜）、国王（忠君）、爷娘（二者为祖宗崇拜，大愿父母得长生）、观世音、大孝目连、西天弥陀、转轮王之恩（后五者皆属佛教，大愿"九祖生净土"）。但大趋势突出尊佛事、崇王事并举，体现中华忠君爱国、崇敬孝悌的传统思想。感爷娘、观世音、目连、弥陀、转轮王之恩，其实就是为死者前辈早升天界，在世父母得享长寿。

二、民俗

各架香团队来此朝山进香，香客们所求甚广，或祈福禄，或祈长寿，或祈平安，或祈蚕，或祈谷，或祈子，或祈发财等，佛偈子曰：

> 也有烧香为父母，也有为除一身灾。
> 也有烧香求儿女，也有烧香为钱财。
> 也有烧香为求官，也有为求好运来。
>
> 烧香人子拜龙神，永镇山河显威灵。
> 一保人间无疾病，二保凡民无灾星。
> 三保风殃并火烛，四保万国人安宁。
> 五龙归位人丁旺，八将还方六畜兴。

[①] 原始宗教：指原始时代的朴素宗教。存在于尚不具有成文历史的原始社会中。

《长参·参观音》曰：

人人到此还愿信，个个保佑享太平。
一保一年百事顺，二保上回莫灾星。
三保三多更吉庆，四保四季得安宁。
五保五子登科①早，六保六畜又旺兴。
七保七老八十岁，八保八大发财人。
九保九州多丰盛，十保十全万事兴。
若把好心来存定，保一啪啦好事情。
一保生子扬名姓，二保农夫仓满盈。
三保工匠手艺顺，四保客商赚金银。
五保端公有坛庆，六保道士度亡人。
七保尼姑守清净，八保和尚在空门。
九保少者不生病，十保老者寿康宁。
时时刻刻来保定，士农工商百等人。
保你位位都有劲，保你行行都得行。
保你个个都昌盛，保你家家不死人。
保你天天有三顿，保你户户都安宁。
心想再来保一阵，一天莫得几时辰。

《参六道轮回》，俗称《转轮大王》曰：

转轮大王是尊神，天宫地狱都有人。
听佛常教勤修炼，能竭烦恼出轮回。

---

① 五子登科：宋代窦禹钧的五个儿子仪、俨、侃、偁、僖相继及第，故称。

《参千手千眼观音》曰：

> 多感菩萨有灵应，千里路来把香焚。
> 有为本生许愿信，有为堂上二双亲。
> 有的抽签问疾病，有的打卦了愿心。

《参孔雀明王》曰：

> 孔雀明王咒一念，蛇咬毒死也回生。
> 烧香人子参拜你，一年四季保太平。
> 人子焚香来拜你，虔诚自不枉皈依。

《参风伯雨师》曰：

> 飞廉治风通气运，商羊治雨养黎民。
> 天上无风不化气，地下缺雨少收成。
> 人子焚香来参拜，祈保清吉回家庭。

《参父母恩重经变相·催生圣母》曰：

> 催生圣母最有灵，人子入庙把香焚。
> 人间妇女身有孕，胎衣不下实可怜。
> 因此菩萨心不忍，下凡相救就临盆。
> 人子焚香来参拜，祈保降生早太平。

《参父母恩重经变相·送子娘娘》曰：

> 金炉里内放毫光，参拜观音送子娘。

送子观音①神通广，专与人间送儿郎。
不分男女把香降，众人烧香进佛堂。
男子烧香为病恙，女子烧香为儿郎。
偷得男鞋是男相，偷得女鞋女姣娘。
这些都是虚情况，总要存点好心肠。
有钱莫把大利放，广积阴功与贤良。
菩萨一见喜心上，与你送双好儿郎。
有子之家送一个，无子之家送一双。
送子娘娘恩德广，麒麟送子②到家堂。

《参父母恩重经变相·三圣娘》曰：

烧香人子进庙堂，焚香参拜三圣娘。
催生圣母当中坐，送子娘娘送儿郎。
要往痘麻关上过，全靠菩萨保安康。

佛偈子里求太平、安宁较多：求安然、安乐、乐逍遥等；其次是求长寿、延寿、安康：寿长春、寿百冬、寿百春、百寿春、寿延长、把寿加、福寿长、福寿全、百年长、病不生等；求回家堂、回家园、回家乡、回家中、回家庭就更多；少数有求永发财、享丰年、六畜兴、得享福、福满门、福禄绵、享荣华、百事兴等。

---

① 送子观音：古代传说能保佑人生子的观音菩萨。
② 麒麟送子：是中国祈子风俗。流行于全国各地。民间认为麒麟为仁义之兽，是吉祥的象征。俗传积德人家，求拜麒麟可生育得子。麒麟为古代传说中的一种动物，形状像鹿，头上有角，全身有鳞甲，尾像牛尾。古人以为仁兽、瑞兽，象征祥瑞。

第三节　从路本看忠君、爱国、孝悌等
传统五伦文化

一、不忘传统文化缔造者

《长参·参三皇》曰：

> 混沌初开盘古王，乾坤始奠后三皇。
> 两仪才来分四象，八卦吉凶定阴阳。
> 伏羲人伦传世上，轩辕黄帝制衣裳。
> 一袍一套穿身上，臣报君恩子孝堂。
> 神农黄帝恩德广，又与黎民制米粮。
> 吃了又怕生百病，尝尽百草配药方。
> 万代民沾恩德广，日换水来晚烧香。

《参神记·参禹王》曰：

> 禹王大帝疏九江，浩浩滔天洪水茫。
> 舜王天子把旨降，八年于外实忠良。
> 三过其门而不入，孔夫圣人称贤王。
> 尽力沟洫①恩德广，功高百王世无双。

中国几千年文明形成的忠君、爱国、孝悌等传统文化思想，孔子起了极大作用。在《长参·参孔圣人》中称赞孔圣人制订"孝悌忠信"为万世师表：

---
① 尽力沟洫（xù）：竭尽自己全部的力量治水。

烧香人子意虔诚，稽首参拜孔圣人。
生民①以来为有盛，天纵②之全又多能。
教训三千徒众子，颜曾思孟大贤人。
子罕言利与人命，不语怪力并乱神。
群英共沐尼山泽，多士沾感木铎③恩。
孝悌忠信由此出，仁义礼智在内分。
万世师表为圣主，乾坤已定到而今。

二、大力赞颂忠君、爱国的历史人物

佛偈子对忠君、爱国历史人物的赞颂，对卖国贼的憎恨，表现出中国传统文化的爱国情怀。如《参神记·参岳武穆④（二）》曰：

人子焚香拜岳爷，为臣尽忠心恳切。
平生为人心无愧，忠孝双全双无推。
老母将字来刻背，尽忠报国当立碑。
宋王大比开科会，秋场⑤演武去夺魁。
金国兴兵来夺位，官封元帅逞雄威。
二家疆场两相会，朱仙镇前把贼追。
可恨奸贼是秦桧⑥，他与王氏效于飞⑦。
上有天朝丞相位，下通全国是贼龟。
夫妻做事良心昧，诈害忠良先把归。

---

① 生民：犹言人类诞生。
② 天纵：亦作"天从"。天所放任，意谓上天赋予。后常用以谀美帝王。
③ 木铎：以喻宣扬教化的人。
④ 岳武穆：指宋代名将岳飞。武穆为其谥号。
⑤ 秋场：此指科举考试时代秋天举行的乡试。
⑥ 秦桧：1091—1155 年，字会之，生于黄州，籍贯江宁（今江苏南京）。南宋初年宰相、奸臣，主和派的代表人物，奉行割地、称臣、纳贡的议和政策。
⑦ 于飞：飞，偕飞。于，语助词。此指秦桧王氏夫妇沆瀣一气，卖国殃民。

假造金牌设王位，要把忠良化成灰。
走在半路神仙会，劝你不可转回归。
苦口劝你无言对，刻（尅）死忠良要吃亏。
大理寺中把命费，风波亭前化身飞。
至此将星要归位，十帅班中显神威。

三国时诸葛亮忠心耿耿辅佐刘备，鞠躬尽瘁，死而后已，是千古流传的大忠臣。佛偈子《长参·参武相侯》曰：

烧香人子三叩首，焚香参拜武相侯。
过去未来神知透，曾与先主保龙楼。
博望坡前初出首，烧得曹兵鬼魂愁。
江南祭风连环计，又盗狼牙战群儒。
三气又把周瑜丧，陈桑吊孝用计谋。
收来先生庞凤雏，二人定计取西蜀。
曹操不敢来入寇，孙权服降点过头。
七擒孟获征蛮首，六出祁山任你游。
又烧司马葫芦口，魏延引阵在里头。
天降滂沱将他救，谋事不成忧心头。
因此禳星①筑成斗，魏延踏灯大步游。
在生不能擒司马，殁后坟前气晕头。
后主见你仁义厚，封为汉丞武相侯。
我等焚香参拜你，保我双亲寿福禄。

三国时，刘关张桃园三结义，生死与共，关云长、张飞对蜀主刘备忠心耿耿，佛偈子极力称颂。《长参·参关圣（一）》曰：

---

① 禳星：禳除凶星。

三炷信香炉内燃，礼恭毕敬跪神前。
伏魔大帝当中坐，关平周仓排两边。
家住蒲州解良县，先姓冯来后姓关。
为不平把熊虎斩，官兵捉拿逃外边。
菩萨把你容颜变，涿州城内把香拈。
平伏黄巾兵百万，诸侯齐赴虎牢关。
三马连环战吕布，温酒华雄落马鞍。
徐州城内失打点，保定皇嫂住土山。
来了说客张文远，劝你曹营把身安。
他把两宅分一院，暗制夫子肺腑肝。
秉烛待旦一夜晚，神钦鬼伏曹胆寒。
又把一宅分两院，美女十名当丫鬟。
上马锭金下马宝，又赐龙袍蔽风寒。
五日大宴三日小，纱囊笼须号美髯。
封你寿亭侯不愿，朝思暮闷想桃园。
白马坡前威风显，上马犹如似天仙。
三合就把颜良斩，一战文丑落马鞍。
大哥修书泪满面，禀告皇嫂转故园。
连辞三次曹不允，单人独马出五关。
五关曾把六将斩，蔡瑁头落古城边。
三弟跪迎发笑脸，弟兄古城又团圆。
新野县内把兵练，徐庶指引把兵搬。
卧龙果然有神算，三气周瑜丧黄泉。
走马去取长沙县，收了黄忠与魏延。
独力去赴单刀宴，神威压服小孙权。
在生不忘桃园义，殁后显圣在玉泉。
清朝屡屡把圣显，除奸削佞保平安。
封为仁勇大帝主，皇谙晓谕四海传。

《长参·参桓侯》曰：

烧香人子三叩头，焚香参拜张桓侯。
宰猪为业智谋有，破贼出身强出头。
无事常往江湖走，偶遇二人关和刘。
桃园结拜情长久，乌牛白马把神酬。
黄巾贼子为反寇，百万雄兵命难留。
平生为人性情陡，恼怒钢鞭打督邮。
董卓专权如禽兽，惹怒各路众诸侯。
虎牢关前称将首，三战吕布白门楼。
袁绍公孙两相斗，是你上阵救出头。
长坂桥前三声吼，吼断江河水倒流。
黑夜劫营巴州走，义释严颜有计谋。
弟兄徐州失分手，后来相会古城楼。
新野县内把兵凑，徐庶引荐武相侯。
果然先生神机有，屡次成功保汉刘。
三气周瑜将魁首，博望坡前挡夏侯。
扶弟截江救阿斗，保兄东吴把亲求。
猛勇智取瓦口隘，才保兄王坐龙楼。
敕封五虎阆中守，孙曹两兵不敢游。
生前不忘桃园酒，殁后封神万古流。
众等烧香祈保佑，保佑双亲寿白头。

三、祈愿官吏"赤胆忠心扶社稷"

《长参·参大人》曰:

> 烧香人子遇公侯①,头顶花枝插在头。
> 冠衣冠裳穿身上,粉底朝靴脚下游。
> 大人前世修得好,今生为官管万民。
> 出府管民多清政,黎民百姓尽沾恩。
> 赤胆忠心扶社稷,镇守县城乐太平。
> 愿公高升侯王位,永保山河万万春。

又祈愿为官者禄位高升。

《长参·谢恩》曰:

> 宝香三炷呈上焚,多蒙大人赐金银。
> 民为父母了愿心,代去灵山供佛神。
> 一愿大人升禄位,禄位高升在朝廷。
> 万民为官官不绝,永在朝廷受皇恩。
> 公侯将相居一品,日月同修代代兴。
> 我今参拜大会去,要到灵山见世尊。

四、激励抗日爱国情怀

《国运佛偈子》主要内容是有关抗日宣传的,反映出当时国共合作、共同对敌的现实。也说明信佛者一样关心着民族的危亡、国家的盛衰,表现出佛教信众心系祖国命运的爱国情怀。

《国运佛偈子》:

---

① 公侯:公爵与侯爵。此泛指官员。

其一

我今开言把话讲，皆因日本不行善，
二十三省公□①县，师长旅长万万千，
连日夜夜都在赶，各省官长都来□。
林森开会忙表叹，帝国口称有主权。
量他日本也不敢，他国只有巴掌宽。
我国不能与他战，才命共产往上前。
结（接）连几个铺天战，杀得日本喊皇天。
黑龙乌江都取转，一切地面要还完。
还我地界心作歉，要把鬼子都杀完。
非是香弟这样谈，还望大众改心田。
菩萨自然有灵验，踏他日本也不难。
南无朝灵山，拜世尊，打倒日本感神恩。
求忏悔，报亲恩，阿弥陀佛念千声。

其二

国民政府有才干，英雄豪杰第一端。
林森他是翰林院，蒋委员长一担担。
全国军令由他管，闻听就把大令传。
各地省长不迟慢，忙开会议传官员。
连日连夜把兵点，就是四川万万千。
广东广西牵一串，湖南湖北扎兵山。
云贵二省是山岗，出的英雄是□□。
说这一歇②未出战，共产勇出往上前。

---

① "□"表示原书此处内容缺失。
② 一歇：一阵。

鬼子飞机狠得点，房屋炸得光滩滩。

这些那些都不谈，要把鬼子人杀完。

以免我国遭大难，大家同享太平年。

其三

我今开言把话表，列列善人听根苗。

中国人民五百兆，二十三省已宽朝①。

日本鬼子不理道，争我山河为哪条？

你不怕死胡乱搞，打死倭奴绝根苗。

蒋委员长命令到，全国集合把战交。

不怕贼儿武器好，革命努力不辞劳。

我国人民计谋好，大队人马杀几朝。

三丁抽一五丁二，看你鬼子怎开交。

还不收兵回三岛，打倒你主放悲号。

不怕你国飞机好，我国飞机更高超。

不久将你种绝了，将你后来莫下梢②。

奉劝世人行大孝，朝山拜佛把香烧。

仙家定把善人保，荫佑善人福滔滔。

佛偈一言难尽表，哪位道友接根苗。

其四

我今开言把话谈，列位善人听详端。

不把闲言来表谈，且把劫运表一番。

满清（编者注：原文如此）圣主登金殿，不是早来就是淹。

---

① 宽朝：方言词，意为宽敞。引申指地域辽阔。
② 下梢：下场。莫下梢：没有好下场。

人民无奈把天喊，一股恶气冲上天。
玉帝拨开云中看，则见世人受熬煎。
皆因人民人心变，自作孽来自招愆。
人人个个来叙谈，可恨无道这昏官。
中山先生有才干，计谋胜过孔明仙。
集合兵丁有几万，推倒满清立四川。
我国圣主登王殿，好像云开见青天。
黎民个个都喜羡，也该我们得平安。
谁知国民不听劝，造下恶孽深如山。
诸神奏本灵霄殿，才差魔王下凡间。
连遭几年大干旱，丁丑年间遇水淹。
谷子一石五千串，人民饥馑受熬煎。
这些那些都不谈，日本鬼子不理端。
占我台湾都还浅，又想我们这四川。
莫把鬼子心想烂，我们地界这么宽。
不怕你国把兵办，我国兵丁万万千。
男女勇力来抗战，要把鬼子人抵翻。
上海洋房被打烂，银钱货物化灰烟。
日本鬼子不行善，欺神灭像如欺天。
不怕贼儿"英雄汉"，恐怕后来冤报冤。
奉劝世人心改变，人存善念靠神天。
以免我国遭大难，踏他日本绝人烟。
唯望菩萨有灵验，风调雨顺国平安。

五、弘扬孝悌

到宝顶朝山进香的善男信女很多都是为"双亲"，为行孝。此类佛偈子也特别多。

《长参·参城隍》曰：

一炷信香炉内燃，毕恭毕敬跪神前。
不必去寻南海岸，此处就是普陀山。
尊神威镇此一县，黎民赤子个个欢。
家家妻贤夫祸少，户户子孝父心宽。
黄道吉日去游转，逆子恶媳透胆寒。
官管妇婚田土案，冤枉之事你承担。
永远不出逆伦案，阴阳两管包青天。

《长参·参普贤》曰：

礼拜普贤佛一尊，身坐白象在佛门。
香烟渺渺来顶敬，我为堂上二双亲。
还望菩萨相怜悯，一切灾难化灰尘。
菩萨不受钱和米，只要忠孝一点心。
诚心自有神照应，人有诚心神有灵。

参父母恩重经变相曰：

一炷信香供佛堂，报答堂上二爹娘。
十月怀胎临盆苦，养育恩德实难忘。
只为父母恩难报，特来灵山烧宝香。
人子炉内香一炷，拜谢父母把儿养。

参拜到大方便佛面前时唱：

一叩头，一上香，一炷信香奉案上。

唯有父母恩难报，朝拜佛祖宝殿堂。
朝金殿，拜金身，拜谢父母养育恩。
要报父母养育恩，生我劬劳甚艰辛。
上等之人孝父母，礼恭毕敬把孝行。
人子斋戒报父母，披头赤足把香焚。
下等之人不孝敬，枉费爹娘一片心。

参观无量寿佛经变相曰：

效法古人守斋戒，报答亲恩理当然。
古人当初行孝念，度亲西天乐清闲。
沉香太子行孝念，地牢救母出狱间。
三官大帝行孝念，各走一处度亲还。
观音古佛尽孝念，六亲眷属尽登天。
地藏古佛行孝念，救母西天封佛仙。
各位大姐不退念，九玄七祖尽升天。
若是勇力往前赶，多度之人把功添。
三千功劳八百满，金童迎接上西天。
穿的仙衣吃仙饭，不生不灭成神仙。

《长参·拜父母》曰：

参拜诸圣又转身，拜辞堂上二双亲。
躬身下拜拜双亲，双亲在上听知闻。
父兮生我同天地，母兮鞠我费心勤。
哀哀父母恩难报，陈甘供旨礼当行。
父母堂前二尊佛，孩儿发心把香焚。
此去灵山朝佛祖，辞别爹娘在家庭。

早间别把儿挂牵,晚来莫把儿担心。
安安稳坐家庭内,朝罢灵山即回程。
唯愿佛祖垂恩佑,保我双亲百岁春。

《长参·拜父亲》(母死父在)曰:

手捧香灯跪埃尘,哀哀我父得知闻。
不幸我母辞尘世,撇下我父是孤身。
男婚女嫁皆独力,知温道寒哪有人。
不孝孩儿乏甘旨①,属水难慰我亲心。
发心烧香神佛佑,暂违膝下走一寻。
倘得佛祖来保佑,保我父寿享百龄。

《长参·拜孀母》(父死母在)曰:

手捧香灯拜我娘,仔细思量实堪伤。
别人椿萱端畅茂,唯有我娘独居孀。
早夜瞻依唯儿女,茕茕②孑立③在空房。
母氏圣善诗人语,凯风④自南痛我肠。
抚育孤儿母多苦,教师聘定母承当。
思量我母恩难报,发心烧香报我娘。
此去灵山朝佛祖,离别孀母在高堂。
只冀佛祖来荫佑,保我母亲百年长。

---

① 甘旨:指养亲的食物。
② 茕茕(qióng):孤零的样子。
③ 孑立:独立无依;孤立。
④ 凯风:《诗经》篇名。该诗内容一说是赞美孝子,后常以指代感念母恩的孝心。本义指和暖的风,南风。

《长参·拜公婆》曰：

> 鞠躬拜别公婆身，公公婆婆听原因。
> 生我父亲恩如海，爱惜孙儿似宝珍。
> 提携保抱千般苦，孙儿未报半毫分。
> 你生父亲父生我，代代相传几代人。
> 思量祖德报不尽，发心灵山拜世尊。
> 唯愿世尊多保佑，保佑公婆寿长春。

《长参·拜伯父、伯母、叔父、婶母》（通用）曰：

> 稽首参拜伯父（伯母、叔父、婶母）身，与父同胞你为尊。
> 宝爱侄男恩情重，看待如同似亲生。
> 侄男烧香同报答，报答三有与四恩。
> 佛祖恩光多护佑，保佑伯父（伯母、叔父、婶母）百年春。

《长参·拜家（gā）公、家（gā）婆》曰：

> 外祖是我母生身，外孙原是你女生。
> 水有源头木有本，为人切莫忘本根。
> 看待外孙原无异，自己孙孙一般心。
> 唯愿佛祖垂恩佑，保佑家公（家婆）寿长生。

《长参·拜舅爷、舅娘》曰：

> 母族唯有舅爷（娘）亲，舅甥恩义异常人。
> 我母与你亲姊妹，非同人间瓜葛亲。

我送旧时诗人咏,悠悠我思①赠瑰琼②。
外孙(甥)烧香祈佛佑,舅爷(娘)眉寿③不骞崩④。

《长参·拜岳父、岳母》曰:

泰山泰水自古称,岳父(母)原来比天亲。
亲联义和如骨肉,异姓结成一家人。
婿无岳父(母)身无偶,此种恩情海样深。
我今烧香祈福佑,保我岳父(母)寿百春。

《长参·拜哥嫂》曰:

同气连枝手足亲,哥嫂可当父母情。
出头椽子是哥长,厨前灶后嫂先行。
为弟年幼知识少,多亏哥嫂苦教成。
弟去烧香为父母,侍奉父母你担承。
早晚甘旨休要缺,晨昏定省要细心。
倘得父母增延寿,弟兄和气喜盈盈。

《长参·参阎王二殿》(实是民间劝世文)曰:

阎王殿前一铜桥,此桥名叫奈河桥。
两岸不生龙牙草⑤,一河血水浪漂漂。
行善之人桥上过,作恶之人水上漂。

---

① 悠悠我思:无穷无尽的思念。来自诗经《国风·郑风·子衿》:"青青子佩,悠悠我思。"
② 瑰琼:美石,美玉。
③ 眉寿:长寿。
④ 骞崩:谓亏损坍圮。
⑤ 龙牙草:亦作"龙芽草",通称仙鹤草。全草入药,有收敛、止血的功效。

你在阳间不学好，打三擒五耍横豪。
父母把你当珍宝，望你长大报劬劳。
谁知娃娃不学好，骨头一硬往外逃。
丢父别母年纪老，倚门望得泪双抛。
油盐柴米自己找，缸内无水自己挑。
半饱饥寒把命吊，你在外面吃掫淆①。
早晨籴汤并小炒，黄焖多放酱油熬。
白日花街柳巷跑，专与燕耳毛相交。
身上带把黄扇尾，动不动就耍几刀。
三杯烧酒下了肚，亲娘父母胡乱叨。
阎王见你不行孝，提笔就把你勾销。
来往奈河桥上过，鬼使②叉下奈河桥。
叉下桥去等狗咬，脚杆咬得血长漂。
个个都说咬得好，忤逆不孝现世报。

《长参·参阎王三殿》（实是民间劝世文）曰：

阎王常叹世间人，不愁生死只愁贫。
只想金银堆北斗，田宽地阔仓满盈。
有朝一日无常到，空脚空手见阎君。
阎君只问有功德，未见伸手要金银。
劝君多念弥陀佛，莫把银钱当宝珍。
阳间虽然人不晓，阴司注得甚分明。
作恶之人到地府，阎王拿来使非刑。
有的拿来把皮剥，有的拿来割舌根。
有的拿来刀山滚，有的拿来锅内蒸。

---

① 掫淆：与不三不四的朋友聚集胡吃海喝。掫（zōu）：聚集。
② 鬼使：冥司的衙役、杂差。

只有修行王氏女,经书拿来用秤称。
阎王一见心欢喜,放她女身转男身。
若人要想来生好,广行方便孝双亲。

第五章

架香庙会中的佛乐

第一节　架香庙会中佛乐谱例及锣鼓曲牌

一、佛教音乐谱例[①]

佛偈子
（勾愿菩萨前唱）

宝顶香会

烧香（呃）人子　把香　烧（喂），勾愿（嘞）仙官（哪）听根（嘞）
苗。也有（哇）三年　愿满　了（哇），也有（喂）初香（呵）
把神（嘞）朝。弟子（哎）引首　不知（哎）晓（哇）还望笔下
要恕（哇）　饶。今日（呵）焚香（呃）来了　愿，（呐）祈保合会

[①] 因本书篇幅有限，欲知更多佛教音乐谱例请参阅《大足县民间音乐舞蹈集成》，2007年1月版，第332—368页。

佛偈子
（行香佛偈）

宝顶香会

注：二星（叮函）每拍一击，木鱼（多）每小节一击。

田茂华口述
蒋光华记录整理

二、锣鼓曲牌

亮子

卄 不耳把打 弄 壮 丑 冬共 冬共冬共 弄 弄 壮 弄 丑共 弄丑

当共丑共 当丑 当共 壮 ‖

冲头

卄 不耳把打 龙壮 弄丑弄 壮共壮共壮共壮共 弄丑弄 壮 ‖

杠子锣鼓

打打 打打 不耳把打 打打 当共壮 丑丑丑 当丑当丑 当丑

当共丑 当 丑当丑 当共丑 当共壮 当丑丑 当丑当丑 当·丑 当壮

弄壮 丑 （以下可接其他花锣鼓）

霸王鞭

卄 冬共冬共 冬共冬共 | 弄·丑 弄弄 ‖: $\frac{2}{4}$ 壮共 壮·壮 | 弄壮 弄丑

壮共 壮 | 当丑 当共 | 壮共 壮 | 弄壮 弄丑 :‖

（以下可接赶锤，杠子锣鼓等）

常用狮子锣鼓谱

（之一）

$\frac{4}{4}$

‖: 冬·共 弄冬 丑 丑 | 冬·共 弄冬 壮 0 | 冬·共 弄冬 丑 丑 |

冬·共 弄冬 壮 0 | 弄共 壮 弄共 壮 | 弄共 壮 壮 0 | 壮 壮 壮 壮 |

壮丑 当共 壮 0 :‖

（之二）

‖: 丑 壮 丑 壮 | 丑 壮 丑 壮 0 | 壮 壮 壮 壮 | 壮丑 当共 壮 0 :‖

附：《民间宗教音乐打击乐器符号表》

乐器名称	符号（大足方音）	演奏方法	乐器名称	符号（大足方音）	演奏方法
锣	当 dāng	单击锣心	提手（鼓板）	课 kě	左手挂板单击
锣	壮 záng	锣钵合击	中钗	砍	砍击
锣	呛 càng	连续击锣边	中钗	展	合击
包锣	东 dōng	单击锣心	中钗	基	搓弹击法
小锣	乃 nāi	轻击锣心	堂鼓	冬 dōng	右手执杖单击鼓心
小锣	太 tāi	锤击锣心	堂鼓	共 gòng	左手执杖单击鼓心
小锣	猜 cāi	小锣·铰子合击	堂鼓	龙 lòng	弹击
马锣	弄 lòng	马锣单击	堂鼓	当 dāng	击鼓边
铛锣	当 dāng	铛锣单击	堂鼓	哰 kuà	击鼓墙

续表

乐器名称	符号（大足方音）	演奏方法	乐器名称	符号（大足方音）	演奏方法
二星	叮 dōng 凼 dāng	先叮后凼	板鼓	打 dà	右手单击鼓心
铰子	次 cī	铰子单击		把 bà	左手单击鼓心
大钵	丑 còu	大钵单击		罢 bà	双手同击鼓心
铙钵	庆 qǐng	合击		耳 èr	单手弹击
	波 bō	搓击（从心至边）		不耳 bú èr	双手滚击
木鱼·梆子	多 duō	单击			

第二节　架香庙会佛乐特色

一、架香佛乐

宝顶架香庙会历史久远，萌动于南宋，兴盛于元明，历清、民国而不衰。架香团队沿途高唱"行香佛歌"，拜谒庙宇或者逐尊佛、菩萨颂赞，或拜唱颂赞该处主尊。行程数十里、数百里乃至数千里，徒步向宝顶山云集。架香队伍在缓慢的行进过程中，有浓郁的"仪式"感，前面有繁简不等的仪仗。在引香师带领下，高唱"佛偈子"有序行进。首先由引香师领唱四句或六句"佛偈子"即为"起腔"，在舒缓的吟唱中有二星、木鱼等乐器点缀节奏，末尾一句由领唱者变换音调及节奏，提示众香客接唱，称为"甩腔"。以引香师独唱，间以提佛名号"佛（喂）"，众人"南呬，无喂，南无阿弥陀（喂）

佛"的齐声唱和,类似川剧高腔的"帮腔"。由于路途多为空旷的田野、丘陵,香客们为尽可能营造声势和影响,唱颂时十分卖劲,声音高亢明亮,人多气势恢宏,声震数里。接着便是锣鼓套打,没有间断停歇之感。因路途遥远,中途歇气时,鼓乐队便坐下来打"耍锣鼓",多为演奏川剧打击乐曲牌,如:"散锣""亮马锣""左右靠"等。而在架香队伍疲惫时,缓慢行进过程中,则常用打击乐器,演节奏简单疏缓的"长牵牛"锣鼓曲牌,不时插入一些其他曲牌,用"牵藤藤"的方法,持续不断地以打击乐,伴随"行香"队伍缓慢前行。每逢经过人烟密集地区或场镇,架香团队除唱佛偈子外,还不时耍耍龙灯、狮子。架香团队到宝顶山朝山进香完毕后,也要到圣寿寺狮子坝耍龙灯、狮子。各种龙舞的伴奏,大多为川剧打击乐器,演奏"武场锣鼓"曲牌,有条件的加唢呐吹奏套打。狮子、鲤鱼灯舞音乐伴奏采用地方戏曲唢呐曲牌加锣鼓套打,根据表演套路的节奏、韵律和情节,即兴伴奏。

各路架香团队进入宝顶山石窟区后,先逐龛颂赞拜谒大佛湾各佛菩萨像,并在千手千眼观音像前,参拜后跪着唱诵架香团队名号及团队香客姓名,称曰"交香"。然后步出大佛湾,进入圣寿寺参拜庙中各殿,直至宝顶山之巅的维摩殿。多为引香师一人唱佛偈子,众香客一般不唱和。

途中唱本称为"路本"。内容十分广泛。唱本由各地相互参合自行编成,沿途也有即景即情,即兴编创唱颂之词的,香客们称之为"见子打子"。进入宝顶山石刻区和圣寿寺所唱佛偈子多有自己固定的唱本。

架香团队所唱佛偈子音乐与川剧常用曲牌相似,声腔类似川剧高腔和昆腔的混合。而寺院僧人的唱颂,与民间信众的唱法及风格不一样。而是追求一种虔诚、肃穆、庄重的唱颂氛围。吟唱时音量大小有所控制,声腔韵律较为平缓,经打击乐器烘托,则起到调节情趣、深化内涵的作用,与民间信众激昂高亢唱颂"佛偈子"的唱法大相径庭。

二、寺庙佛乐

寺庙是宗教音乐活动最集中的场所。佛事活动中的音乐演习规模,因寺庙佛事内容繁简及僧人多少而异。平时，住持僧人早晚做功课，做各种法会以及为施主做大小"普佛"都要念佛、唱赞。各佛教节日，如二月十九、六月十九、九月十九的观音会、四月初八的佛诞日、腊月初八的佛祖成道节等，寺院都要举办不同规模的佛事活动，在寺院僧众带领下，与信众一道，根据仪轨唱诵经文和唱颂偈赞，颂佛功德。唱颂偈赞，以法器鱼子或二星主板，用当、铰、鱼、鼓、磬伴奏。有的还贯以唢呐、笛、笙、箫与唱颂合音，以调动信众的情绪。

宝顶山大佛湾石窟，是典型的"具有中国特色的佛教文化"，是一处俗讲道场。二月宝顶架香庙会中的路本佛曲、佛偈子，在一定程度上继承唐代盛行的"俗讲"，以说唱体的俗讲话本，形成"变文"，既演绎经典义理，也演唱民间传说、神话故事和对佛、菩萨的颂赞。寺院僧人除平时早晚课诵和庙内重要佛事活动外，还组织法事坛班，受聘于世人做佛教法事"放焰口"。

"焰口"亦称"面燃"，佛经中饿鬼名。"放焰口"，一般在黄昏时举行，供以饮食，以度饿鬼。亦为对死者追荐的佛事之一。其中"延生焰口"为生者消灾祛祸，祈福延寿；"往生焰口"则为超度亡人。一般演习形式：中间设高台，"上座"居中，两边"站"和"引"，高台前面，两边设长形香案，每边坐4位僧人，分别手持当、铰、鱼、磬，在鱼子或二星主板下伴奏。法器还担任前奏、间奏（过门）、尾声中的曲牌演奏。所歌佛曲以"香花请"开始，中经"振铃偈""三十五佛""施食偈"到"回向偈"等曲目。"放焰口"所唱佛曲称老腔，速度较慢，徐缓舒展，全堂法事需做8小时左右；现在"放焰口"所用佛曲，有的在老腔基础上做适当压缩，并吸收当地和外来民歌、小调的某些旋律，僧人称为"随腔"，全堂法事只需4小时左右。"放焰口"出现于世，普度众生超脱生死，入般涅槃，或显、或密，随机化导，可使人有"如拨云见日，开门见山"之作用。故"放焰口"活动一直延续至今。

三、架香佛乐与寺庙佛乐的关系

架香团队和寺庙佛乐既同源而不同流。架香团队因宝顶山石窟和圣寿寺而兴起。其佛乐完全承袭了寺庙佛乐的基本曲谱，但其曲调旋律和风格迥异。寺庙佛乐内容多为"宣唱法理，赞佛功德"，因而要按宗教仪规仪轨，佛事活动中的唱颂，追求虔诚、肃穆、庄重的格调。吟唱时音量大小有所控制，声腔韵律较为平缓。架香团队所唱佛偈子音乐与川剧常用曲牌相似，声腔类似川剧高腔和昆腔的混合，激昂高亢，声震数里。两者大相径庭。

寺院僧人的唱颂，科仪繁复，经文冗长，所用佛曲众多，而佛乐必须符合寺庙的仪轨仪规。而架香团队所唱佛偈子，皆是民风民俗内容，又是民间信众自编自唱，句式相近，信众为便于记词和演唱，所有佛偈子一两个曲牌唱到底。架香团队沿途锣鼓曲牌和龙舞、狮舞、鲤鱼灯舞其伴奏锣鼓，随场变化有快有慢，即兴变化，没有仪规仪轨，十分自由。架香佛乐向大众化、地方化、民歌化、单一性发展，川剧高腔用民间曲调和地方声韵来取代旧的"梵"声，形成了本地区的独特风格并辐射至周边地区，在民间得到传承，形成民俗音乐。

第六章

架香庙会的商贸、游乐

兒童邏輯思維發展

第一节　商贸繁荣、游乐丰富的原因

一、商贸繁荣的原因

（一）庙会人多

人流必定形成物流。大足宝顶架香庙会期间，车水马龙，人山人海，不仅商贸兴隆，并有各式各样的文化游乐活动，形成一个融礼佛拜香、商贸游乐为一体的超级庙会市场，有声有色，丰富多彩，热闹非凡。其主要原因是每年朝山进香者，少则十多万，多则数十万，人流催生物流，物流带动繁荣的商贸和丰富多彩的游乐活动。当时上山进香没有公路，没有车船，全靠走路，翻山越岭，浩浩荡荡，边走边唱，走走停停，在大足境内也要一两天才能上山。多数架香团队，要在大足县城或路过场镇住一宿。有的团队要在东关甘灯笼处扎制高脚灯笼，必须在县城住一晚上等待灯笼制好，第二天才可打着灯笼上山。上山后也要一两天，多数也要在宝顶山上住一宿。远处来的架香团队在路途时日更长，花费的金钱就更多。有的老人舍不得吃，舍不得穿，一年积攒下来的钱就用在朝山拜香上，他们心安理得，十分乐意。4000多人的架香团队，从长沙走来，要走好几天。穿越大足县境一两天，上山拜佛要住上一两天。这4000多人每天要吃喝要住宿，需要多少餐馆、旅馆？远道而来，朝山进香事毕，多数人要到处看看，玩玩，并买点土特产品带回去做个纪念。

凡此，都是人之常情。这自然就形成巨大的物流和让人游乐的项目，为大足带来巨大的商机。宝顶架香庙会期间人流均匀，不像现在十多二十万人集中在二月十八下午上山烧子时香。在这四五十天的庙会期间，各架香团队都不想上山时人太多拥挤，免得排队耽误时间太长，大家就约定俗成，逐渐形成某地某架香团队某日上山，都有定制。如：每年二月初十，三驱镇架香团队抬着嘉庆皇帝御赐圣驾上山朝拜；大足黄沙槽架香团队抬着铁条扎成的龙和狮子，上山朝武香。每年二月二十为乞丐架香团队礼佛拜香。二月底宝顶山当地架香团队朝山进香。这样的架香庙会，虽然时间长，规模大，但秩序井然，既不十分拥挤，又人流不断，对各行各业商家非常有利。由此生成架香庙会超市：市场上人山人海，携带大包小包心仪的物品，满意而归；店铺摊贩，行商坐贾，引车卖浆，财源滚滚，日进斗金；地方政府，辖区商贾云集，河清海晏，治政有功。架香庙会让本县山欢水笑人更乐，皆大欢喜！

（二）庙会时间长

时间短了，商贸很难形成气候。几天时间，商户费力搭起摊棚，租摊棚的租金还没赚回来，就结束了，谁愿来冒风险。宝顶架香庙会时间长，每年都是四五十天，每天都有一定香客上山，棚户都能赚得盆盈钵满。所以宝顶山满山遍野的摊棚，早在头年底或当年初就被抢租无余。

（三）庙会商贸免税

为了繁荣庙会经济，庙会上的商贸活动一律免税，这也促进经营者乐于上山经营。

（四）庙会期间买卖没有赊账

平时，宝顶山坐商常遇本地人和单位购物赊账，难收货款，十分烦恼。庙会期间，多是外地香客，又是零售为主。架香团队有的集体团购，也是现金交易，不会拖欠。多数坐商兼卖香蜡纸烛等物，香客都是虔诚奉佛之人，不论外地本地香客都不会在庙会期间赊账购买朝山进香物品。

以上四点，就使得宝顶架香庙会商贸繁荣。

二、游乐丰富的原因

（一）人多而人员组成十分丰富多彩

大足宝顶架香庙会期间，车水马龙，人山人海，不仅商贸兴隆，并有各式各样的文化游乐活动，形成一个融礼佛拜香、商贸游乐为一体的超级庙会市场。每年朝山进香者，多为数十万，在这些人中，虽然以老年和妇女为多，但人员组成也十分丰富多彩，爱好和文化水平不一，参加宝顶架香庙会的目的多样，各种技艺能人齐聚，必然带来丰富多彩的游乐活动。向乐是人之天性，佛乐和庙会音乐固然以服务于佛教传播为中心，当然不能忽视间接的娱人功能；宗教活动之外，更有五彩缤纷的游乐活动拥抱回归世俗的凡夫俗女！为适应跟随婆婆妈妈一起上山的少男少女的需要，就产生了西洋镜；为满足青少年及闲杂人员的需要产生了名目繁多的博戏；为满足游观者和戏剧等爱好者的需要产生了川剧、比武、车车灯、杂技与绝技；为满足文化爱好者需要，产生了灯谜等。总之，宝顶架香庙会期间，人流众多而各类人员齐聚必然带来杂耍百艺，应有尽有，让人在敬佛之余，娱悦而归。

（二）技艺能人齐聚

宝顶架香庙会由各地组织而来的架香团队，为壮朝山进香声威，少不了锣鼓圣驾、龙灯狮子及大足独有的鲤鱼灯舞等带游乐性的队伍，让各地游乐性项目和技艺能人齐聚宝顶。他们朝山进香结束后，多要到圣寿寺狮子坝票香，献技献艺，如遇两队或多队狮子龙灯技艺强人，必要暗中竞技，比个高低。有时是两队或多队预先约好而来；有时是两队或多队偶然相遇。宝顶架香庙会中，各路狮子相遇往往要破阵表演，竞技比赛旨在热闹，不论输赢。

（三）自我展示

有特技之人，有的深藏不露，也有爱表现自己的。那些爱表现自己的总想在众人面前展示自己的才华和技能。特别是身怀绝技之人，或为生计，在架香庙会上圆场卖艺，收几个生活费；或由会首、哥老会出资请其在人多场所献艺；或一时兴起表演一阵不收分文以显其能。多数艺人则为娱己娱人，大家难得聚在一起，既来之，就要大家切磋技艺，竞技竞艺，互相提高，自得其乐而又让大众乐之。如表演用红缨枪顶喉头、推小轿车，用牙拖小轿车，用眼皮提五六桶水转动等。特别是牧牛舞、逗扯幺妹的车车灯等，诙谐风趣，娱己娱人。

（四）有关部门支持

民国时期驻军重视宝顶架香庙会，除派部队上山维持秩序，在北岩上面平坝建造戏台，戏台侧边建一土擂台，让川戏班子公演或卖票演出。或由军队中武术教官当裁判，设擂比武。20世纪八九十年代和21世纪初，由政府有关部门组织，在架香庙会期间举行演唱音乐会、京剧川剧专场演出、演奏佛教乐曲、各乡镇架香巡游等，还组织市非物质文化遗产项目中敖火龙、万古鲤鱼灯舞表演，晚上烧火龙，增加新时代气息的游乐活动。

第二节　商贸活动

一、摊棚遍山野

圣迹池北侧有一条小街，中华人民共和国成立前名香山场，40多间铺面，经营餐饮、副食、杂货等业。宝顶架香庙会期间香客众多，小街难以应付，必须广搭临时摊棚，以满足海量香客礼佛与生活需求。许多摊户早则头年腊月，晚则正月期间就陆续上山在圣迹池四周及各条上山通道的两侧搭建摊棚。摊棚用竹竿支撑，上盖斗席或谷草，俗称棚户或草店子。

往昔香客上宝顶有5条主要通道，道路两旁坡地或田土上都是鳞次栉比的摊位，一个摊位占地宽两三米。宝顶四周田土大都是圣寿寺、广大寺、佛祖寺的庙产。据小佛湾《宝顶常住田产》碑载，当时圣寿寺有田土992亩。佛祖寺乾隆六十年（1795年）《佛祖寺田产碑记》载，当时有田土397亩。寺庙田土都租给佃户耕种，凡在佃户耕种的田土上搭建摊棚，其场地费由佃户收取，一个摊位的场地费数吊十数吊钱不等。

位于大佛湾观音殿上方狭窄的石巷子（也叫鹅颈子），是往昔进出大佛湾的主通道，其悬崖一侧也搭建摊棚。崖旁有7棵高大古柏树，被利用作为支柱，用楼板搭成吊脚楼式的摊位。这里的摊位由乡政府搭建，摊位费由乡政府收取。

圣迹池四周全是吊脚楼式的摊棚，摊位伸入池中。摊位费由圣寿寺收取。临时摊棚密密麻麻多达数百家，宝顶四周几条通道形成高高矮矮弯弯曲曲的山野草街，遮天蔽日，成为宝顶架香庙会特有的山野庙市风光。摊棚经营至二月底架香庙会结束才拆，前后四五十天。

在圣寿寺内，山门两旁，狮子坝两边，上维摩顶梯道两侧，还有许多无棚摊位，哪怕只有两三尺宽的空间，都因地就势，摆摊设点，挨挨挤挤，对空间的利用达到无以复加的地步。

二、食品浸透泥土香

摊户营销多为食品，只卖素食，不卖荤腥，价格便宜，种类繁多。大凡"帽儿头"（干饭）、红苕粥、

▲ "帽儿头"白描图

凉面、凉粉、米团、粽子、馒头、糍粑、炕红苕、油炸粑、麻花绞、豌豆干、丝丝糕、桃片糕、糖罗汉、糖关刀、捏面人、泡饼、马儿、麻糖等等，应有尽有。也有拎着竹篮到处叫卖洋姜、泡菜、大头菜的。昔日水果品种不多，以甘蔗、红橘为大宗。

东关裕盛通酱园的豆瓣、麸醋、酱油极负盛名，香客们喜欢购买作为馈赠亲友的礼品。铜梁来的豆腐果，10个一串，质地松软，深受香客喜爱。三驱镇李松柏，庙会期间在大佛湾佛缘桥头卖过3年油炸粑，边炸边卖，供不应求；还打给10来个小孩四处叫卖，据说一个小孩一届庙会所赚可买1石（350斤）多谷子。他的独门小吃脆子甜粑、白糖泡饼，也受香客青睐。

架香庙会期间有府州县官员或地方豪绅到宝顶礼佛或游观，由乡政府出面接洽，并安排到广大寺（小宝顶）款待。广大寺经济宽裕，破庙会素食之例而以酒肉相待，小街上的餐馆，堂口都不挂鱼肉，但内堂仍有腊肉荤菜供应。

除本地摊贩外，还有广东、湖南、武汉等地的小吃在宝顶也受欢迎。直至1951年宝顶架香庙会他们还来献艺卖特色食品。

三、土特产品琳琅满目

架香庙会中土特产品，如龙水小五金、宝顶套箱、东关大红伞、中敖车货梳篦、玉龙土碗砂锅、东关和三驱的灯笼等。也有农村妇女编织的土布及手工鞋袜等手工产品，等等，应有尽有。

龙水小五金历史悠久，有刀、剪、锁、丝链、镊子、猪毛夹等多种规格品种，特别能满足农村香客的需求。中敖的车货梳篦，有木梳、竹篦、笰（杼）、棕刷、算盘、烟盒、烟竿、烟斗、佛珠、木（莫）奈何等，是老年香客，特别是农村妇女及纺织等行业香客特别喜欢的商品。算盘珠子和佛珠，是檀木或马柳光木做的，质地特别细密坚硬。宝顶箱子沟全年做套箱，以柏木、香樟为料，大箱套小箱，一套套箱有五六只或七八只大大小小的箱子，非常别致。这种大箱套小箱的制作方法，与东北大娃套小娃的套娃一样。

东关甘灯笼远近闻名，从清代到民国，世代相传。他家做的拜香灯笼专供各路架香团队使用。灯笼以篾条为骨架，以纱绷面，上刷牛胶，书写"朝山进香"4字和架香团队号口。远来各路架香团队行到东关必住宿一夜，当天即到甘家订购拜香灯笼。甘家备有半成品，为订购者书上架香团队号口即可，次日晨前来取货便上宝顶。一路架香团队有购两只的，规模大的架香团队购四只。两只灯笼一只照阴，一只照阳，阴阳普照。一对拜香灯笼售一个银元，一届架香庙会可售两三百只。甘家也做直径十四五厘米的小巧玲珑纱灯，在架香庙会上出售。这种小纱灯只供玩赏不点烛，价格便宜，一两百钱一只，香客们买回去作为到宝顶朝山进香的标志物和纪念品，就像到了峨眉山买根拐杖回去一样。民谚"峨眉山的跛子（人人买拐杖），宝顶山的瞎子（人人提灯笼）"，把二者相提并论。这种小纱灯甘家一年销售三五千只。三驱黄泥坝所产的鼓腹灯、滚子灯、纱灯，也行销宝顶架香庙会。

香蜡纸烛更是大宗商品。城东盛产蜡烛，以白蜡清油制作，质地优良。也有唯利之徒以漆蜡桊油制作劣质烛充斥庙市，黑烟滚滚。光绪三十一年（1905年）大足知县沈炤坼曾为此事立《县正堂示碑》，予以严禁。

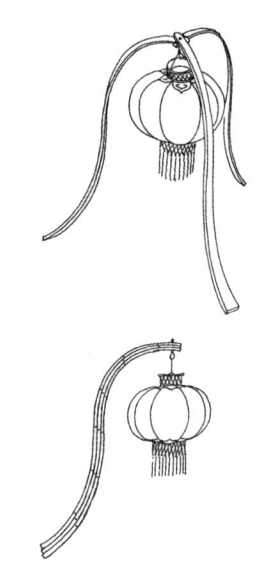

▲ 拜香灯笼白描图

也有外地客商来庙市做生意。有重庆、成都客商来卖小百货，有荣昌客商来此卖口哨、蒸钵、海椒罐，有铜梁客商来此卖豆腐宝（果）等。

四、其他

庙市上不卖妇女化妆品，如胭脂、花粉、口红之类，也不卖其他奢侈用品。架香庙会期间不但宝顶山庙市商贸兴隆，各路架香团队、香客经过的龙水、东关、三驱、中敖、石马、双路、邮亭、复隆、曲水等地场镇，都在街头路旁摆摊设点，销售饭食和土特产品。龙水镇大街两旁像赶场一样，摆满小五金和饮食摊点。

架香庙会期间，商贸经营享受不纳税的优惠，是经营者特别踊跃的一个原因。

第三节 游乐活动

架香庙会期间，杂耍百艺，应有尽有，有营利性的，也有非营利性的。游乐活动是架香庙会的组成部分，使架香庙会更加热闹，对于丰富农村生活，吸引广大香客，都具有积极作用。

一、戏剧

四川各地常有川戏班子前来演出，不分昼夜。一般都由会首出钱公演。演出剧目有《目连救母》《活捉王魁》《开铁弓》《北门楼》等，张扬忠孝节义、因果报应。民国年间，驻军在北岩上面的平坝中建造戏台，使演出更加方便。2006年二月架香庙会期间，举办着装川剧座唱，有《杀狗》《杀妻》《杀桥》《上门问婿》等剧目。

二、杂技与绝技

外地杂技团纷至沓来，如有会首出资则公演不卖票，没有会首出资，则围上布篷卖门票。圣寿寺狮子坝经常是杂技公演的地方，或叠桌椅，或竖竹竿，在上面表演杂技。2006年架香庙会请来外地3位大师，在游客接待中心前，表演用红缨枪顶喉头、推小轿车，用牙拖小轿车，用眼皮提五六桶水转动等。

三、比武

挨戏台不远处有一土擂台,也是民国年间驻军特意建造的。它被引入宝顶架香庙会。比武采用两人对打方式,实行淘汰制,由军中武术教官充当裁判。继后有驻军团长借宝顶架香庙会设擂比武,连续比赛一月。

四、龙灯

(一)"小金龙"

它是由早期的"草把龙"演变而来。演出人数可多可少。在诸多龙舞中"草把龙"为大,在庙会的众多龙舞品种相遇时,其他各种龙都得给"草把龙"让路,这是舞龙者约定俗成的规矩。小金龙的表演,多由跳、缠、砍、钻、翻、滚等基本动作配搭组合,形成一定的套路,有"跳幺二三""砍龙把""黄龙缠腰""钻四门""龙翻身""滚滩""龙钻洞"等。可在地面表演,也可在高台上表演。"两人小金龙",又名"童子龙""娃娃龙""龙崽崽"。

▲ 中敖小金龙

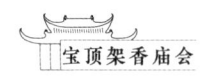

它是龙舞中最为小巧的一种表演形式。

（二）彩龙

又称"布衣子龙"，有大小彩龙之分。大彩龙一般为8栋9节，由1人舞"宝"，9人舞龙；小彩龙一般为4栋5节，由1人舞"宝"，5人舞龙。彩龙的道具比较讲究，形状有圆、扁之分，型号有大、中、小之别。单彩龙常见动作"花头"，表演套路有"拜四门""龙钻洞""龙翻身""龙脱壳""龙抱柱""跳龙门"等。双彩龙还有"二龙抢宝"套路。

（三）火龙

火龙又称"大龙"。大龙12人表演。龙身以绸缎布料制作，头尾以纸扎制，精致美观。中敖、万古各地一直把龙灯制作技术和耍龙灯习俗传承至今。逢庙会期间，道具提前制作完毕。择吉日良辰，举行"披红挂彩、开光点相"典礼。2006年宝顶架香庙会开幕式上由县长为中敖火龙开光点相，点睛。舞龙人须沐浴净身，以示敬畏。中敖火龙白天在景区轮番游耍；晚上在宝顶山停车场，边耍边用火花（火花筒）和水花（用煮饭的陈旧铁锅熔化成铁水为最佳）齐向火龙喷射。只见火花四溅，气氛十分热烈；舞者赤身裸体，只穿一条短裤，让其喷烧。今闻名遐迩的铜梁龙，即源于宝顶架香庙会。

五、狮灯

（一）地盘狮子

地盘狮子，又名"地狮子"，是在地面进行表演的一种狮舞形式。其表演，要有"猴角"与"笑头和尚"（又称笑罗汉）的配合参与，才能更有效地进行。艺人在逗狮、驯狮、戏狮的表演中，可刻画出狮子的温驯可爱，猴儿的活泼机灵，笑头和尚的诙谐幽默等不同艺术形象。

（二）高台狮子

高台狮子又名"武狮"，是人们对在几张、十几张方桌，或几十条长板凳搭成的高台上进行狮舞表演的又一称谓。这种狮舞具有动作难度大、表演技巧高、杂耍娱乐性强的显著特点。是具备一定基本功夫和高台平衡能力的狮舞艺人所喜好的一种表演形式。代表性节目有"踢印""大小拱桥""盗桃""盗袍""五岳朝天""一口井"等。

▲ 高台狮子

（三）高桩狮子

高桩狮子又称"高跷狮子"，因舞者皆以脚踩高跷表演狮舞而得名。舞者动作自由灵活，配合默契，变化多端，并有一定的杂技性。高桩狮子难度较大，只有在学会踩高跷的多种技能后，才能随心所欲地表演。

（四）竿竿狮子

竿竿狮子，是人们对有猴角爬在竹竿上给狮子配戏、插科打诨之狮舞的称谓。"竿竿狮子"技巧性强，颇具汉代"百戏"遗风。常见竿竿狮子有两种表演形式：一为耍"横竿"，二为耍"竖竿"。横竿有单双之分；竖竿又称为"高竿"。

常见猴角横竿动作有"走竿""倒挂金钩""滑竿后翻""滚竿"等。

竖竿高10余米，猴角在竿上爬上翻下，尽情发挥，展示自我绝技，不乏高难惊险动作，给人以紧张刺激之感。宝顶架香庙会中，各路狮子相遇往往要破阵表演，竞技比赛有"文阵三十六，武阵七十二，总共一百零八阵"之说。狮舞竞技旨在热闹，不论输赢。

▲ 高竿狮子

六、牧牛舞

两人扮牛，一人扮牧童。牧童身背背笼，里面装青草，手持镰刀。牛头用竹编纸糊，墨绘其形象，牛皮一般用棕皮缝制而成。反映牧牛生活，春种秋获，祈祷五谷丰登。牧牛舞显然取材于大佛湾牧牛图，除在架香庙会表演以外，也流行于龙岗、龙水一带。这是把宝顶山造像内容娱乐化的地道民风民俗。20世纪五六十年代，县文化馆参考牧牛舞创编捉泥鳅舞蹈，参加四川省会演获一等奖。

七、鲤鱼灯舞

万古鲤鱼灯舞，是全国乃至世界少有的优秀民族民间舞蹈，被中央电视台称为"中华一绝"。它集舞蹈、剪纸、彩绘、音乐、灯光于一体，有龙灯的大气磅礴、气势恢宏，狮灯的灵巧、威猛。它集龙灯和狮灯表演优点，再根据鲤鱼在水中的生活习性，经过民间艺人长年累月加工发展，演变为今天定型的鲤鱼灯道具和成型的玩舞动作。鲤鱼灯舞表演，形式多样。可两条鲤鱼在一个桌上表演，也可四五条鲤鱼在舞台上表演，规模宏大的可数十条鲤鱼在广场上演出。表演讲究脚法、手法、眼法，既漂游、跳跃，又要翻腾。模仿鲤鱼在水中生活的习性和神态。鲤鱼灯舞的表演有"穿水""觅食""卷草""戏水""冲滩""打挺"等基本程式，形成了"鲤鱼抢宝""鲤鱼跃龙门"等套路。舞蹈具有鲜明的民族、民间和地方特色。2006年宝顶架香庙会上，鲤鱼灯舞白天参加巡游队伍巡游，晚上又在广场表演，声势浩大。

八、西洋镜

西洋镜有点像现在的幻灯片，只不过是把若干镜片装在一个封闭的大箱内，加以放大，轮番放映。观众通过观察孔向内看，操作者（商人）一边操作一边大声吆喝介绍镜片画面。内容有北京、上海、南京、杭州等地风景片，有抗击日寇保卫大上海的战斗片。

九、博戏

博戏名目繁多，大凡十点半（扑克）、人人宝（三张扑克）、生子宝（骰子或叫色子）、间子宝（铜钱）、麻雀宝（小钱）、红星宝（骰子或叫色子）、丢圈圈、抽花书、打糖罗汉等，不一而足。抽花书，是由一只经过训练的小鸟或小鸡啄取类似阄儿的签纸，来问卜吉凶。也有用手直接抽取的。这些玩意大都在街头路旁揽客，以游杂闲人为对象。在大院大铺里面，玩长牌、麻将、牌九等休闲娱乐的活动。

十、演奏佛教音乐

2006年宝顶架香庙会期间，在宝顶游客中心赵智凤塑像前，搭台演奏佛教乐曲。龙水几十人组成的铜管乐队全天滚动演出《大弥陀赞》《释迦牟尼赞》《佛偈子》《佛陀颂》《三宝颂》《赞僧歌》等乐，吸引了不少观众。

十一、灯谜

2006年宝顶架香庙会上，在原罗家院子旧址，悬挂50盏各式宫灯、莲花灯、走马灯，灯上写有佛教、道教及有关旅游等方面的谜语，让人们一边观灯一边猜谜语，与游客互动，将观灯与猜谜融为一体。如，涨平了板（打重庆一地名），谜底：大足。又如，马娘娘玉玺（打重庆一名胜古迹），谜底：大足石刻。再如，铜箍锃亮（打三字，旅游用语），谜底：黄金周，等等。

十二、车车灯

车车灯，俗称扯扯灯，又叫逗扯（车）幺妹。类似北方的旱船。车车灯道具是用竹子扎制，白皮纸裱糊、彩绘，装饰成一架状似轿子的车子。车内舞者为车幺妹（民间多为男性化装扮演），臂挂一条绑在车车灯中间的带子，双手握住车子中段两边的竹棍进行表演。车外一车夫，手拿蒲扇，穿便衣，系腰裙，长裤用白布袜子套住裤管，脚穿圆口布鞋。表演时主要是"丑角"车夫用扇逗趣于车幺妹。有自编或专人写的唱词。曲调为四川曲艺车灯调。车夫逗唱一段结束时，有众人帮腔。唱词有逗趣的，有夸车幺妹的，诙谐风趣，逗人喜爱。

十三、礼佛中的嬉戏

瞻仰祈祷活动中有一些嬉戏取乐的成分，如以九龙浴太子水池中的圣水洗眼除病，用钱币投掷父母恩重经变龛的"打儿窝[①]"求子，闭眼伸手探摸福字碑求福等，都带有嬉戏情趣，让香客喜乐开怀。

在叫化子礼佛活动中，更是见什么唱什么，间杂一些戏谑唱词来逗乐。如看到妙龄少女，就唱："菜子花开满田黄，擦脂抹粉到佛堂，和尚看到心欢喜，菩萨看到怄断肠。"

宝顶架香庙会，也曾放过烟火、烟火架，演过木偶戏，放映过无声和有声电影，其游乐活动极其丰富多彩。

总之，各种民间游乐均在庙会中竞演，它们崭露头角，互相观摩切磋，不但让民间游乐习俗得以代代传承，并促进其与时俱进，立于不败之地。如此，民间游乐以其自身不竭的魅力，吸引信徒走近游乐，推动架香庙会的兴盛。

第四节　架香庙会中的行和住

一、宝顶架香庙会中的交通

（一）滑竿

中华人民共和国成立前，县内公路极少，主要靠徒步行走。运输物资也靠肩挑背扛。上宝顶山山高路陡，全靠步行。老弱病残人员及达官贵人，有钱有势之人上山拜佛游观，全靠滑竿。在东关和宝顶四周几条路口，都有大量滑竿供进香散客乘坐。有的在东关便坐滑竿上宝顶，行程三十华里。有的在宝顶山麓的倒马坎、倒座庙、土福桥等处坐滑竿，行程数华里。庙会期间东关鸡市桥和宝顶四周约有三四百架滑竿招揽香客，滑竿多是布篷，脚夫多

[①] 打儿窝：本是遍布世界的女性生殖崇拜，认为膜拜女根就能生子。这里，（"洗濯不净恩"中的）洗衣盆便是女根的符号化。

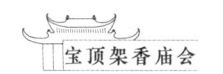

为本地农民。他们为多跑趟数，抬腿飞跑，故而俗称"跑跑滑竿"。脚夫一前一后，滑竿挡住后者视线，便由前者报告路况。前呼"明晃晃！"提醒后者注意。后者接唱："水凼凼！"表示知道前面有水凼，加倍小心行走。滑竿穿梭山野，一路号子声响彻云霄，有声有色，一道生动的风景线。滑竿有上有下，有来有往，路面不宽，彼此碰撞，如何行走？那时没有现在汽车行驶各自靠右那样的规则，而是高喊"踩左""踩右"的方式来解决。踩左，就是告诉对方从己方左侧通过；踩右，就是要求对方从己方右侧通过，对方必得遵从应答。双方都可以呼喊，以先呼喊者为准。路面有好有坏，尤其是转弯拐角之处，双方为选好走的一边，都要抢先呼喊。有时双方几乎同时呼出，难辨先后，发生争执，相持不下。

（二）汽车

中华人民共和国成立后，逐年修路，公路四通八达。宝顶架香庙会香客，大都乘车上山，即使架香团队也是分散乘车，上山后才组成架香团队步行朝山进香。20世纪90年代起，农历每年二月十九烧子时香，二月十八上午开始，成百上千的客运班车及各式自驾车驶上宝顶山。虽在此扩建停车场，在香山场口北端还开设摩托车停车场，车辆仍从宝顶山一直停到几公里外的化龙桥。进入21世纪，为保证安全和交通畅通，每年农历二月十八上午开始对县城至宝顶的公路实行交通管制。车辆除持有指挥部颁发的特别通行证外，一律在县（区）城内五星大转盘处停靠。游客由指挥部专门组织120辆客运车转运，保证每位游客既能顺利上山，又能顺利回城。

二、别开生面的住

中华人民共和国成立前，香客都靠步行。凡是架香团队沿途还要参拜庙宇、袍哥公口、政府所在地，行进缓慢，大都要在途中住宿，东关、龙水、中敖、三驱、万古、石马、国梁、雍溪等场镇便成各路香客途中夜宿的地方。这些场镇的街房多与宝顶小街一样建成楼房，楼下开店，楼上在庙会期间作为临时栈房接待香客。次日一早从这些场镇起步，当天上午或下午或第二天，可达宝顶山。东关的街房有较多楼房，与城里清一色平房大不相同，其中原因就在于东关在庙会期间要利用楼房接待香客住宿。一般是通铺，价格便宜，不过四五十天下来，还是一笔可观的收入。

香客，特别是架香团队上到宝顶山一般都要住宿一两晚上，有的香客进香后还要做法会，更要多住几天。宝顶架香庙会期间香客成千上万，分三种情况解决住宿。一是住小街店铺。宝顶小街40多家店铺，都是一楼一底，底楼作铺面，楼上设置通铺招揽香客。一路路架香在大佛湾、圣寿寺、广大寺完成礼佛活动后大都已是傍晚，但尚需在观音殿（千手观音）候轮子交香后才算最后完成整个进香活动。候轮子的香客可在店铺短暂睡眠，轮到交香时间，听到楼下叫喊"交香啰！"便立即起身前往交香。交香后的香客又来住宿，这样，一晚上能接待两三批香客。街上的店铺以位于大佛湾北岩上面的李家大院子最大，一批可接待百十来人。据说民国十一二年小街上有位叫王学渊的店主还曾开过一家"女宾馆"，专门接待女香客。二是住附近农家院子。小街40多家店铺接待不了众多香客，宝顶四周一两里的农户也接待住宿。他们从三亲六戚那里借来铺盖被子，把堂屋、外廊都腾出来铺地铺，以草垫、稿帘子铺底，一床被子打横三两个人盖。一般一人一晚收一个新铜板或一二百小钱。也有农户让出自己住的床铺给香客，收费一铺两三吊钱。三是在圣寿寺、广大寺殿堂或走廊席地过夜，庙上提供谷草、蒲团，不收费，没有被子。

20世纪八九十年代宝顶架香庙会逐渐恢复活力，但时间较短，多为两三天，架香团队人员也不多。但城关、东关旅馆还是住得满满的。宝顶山香山场小街店铺也没有空。20世纪90年代香山小街改建后，建有漂亮的旅馆，县城里的人上山烧子时香后，住上旅馆，第二天待游人不拥挤时，再慢慢乘车回城。21世纪开始，私家车增多，多是当天来，烧子时香后当晚就回。大足及宝顶山旅舍仍住满香客或游客。

第七章

"非遗"申报，传承人和代表性传承人及相关人物

第一节 "非遗"评审及申报

一、区、市级"非遗"评审及申报

大足非物质文化遗产评审、申报工作开展较晚。2005年10月成立非物质文化遗产大足县保护委员会，组建大足县非物质文化遗产专家评审组及项目申报组，但没有专人负责，未开展评审和申报工作。第一批国家级非物质文化遗产名录公布于2006年，第一批市级非物质文化遗产名录公布于2007年，大足一项名录也没有。2007年下半年大足才开始评审工作。2008年6月公布第一批非物质文化遗产名录，其中就有"宝顶香会"。2009年初，向市申报"宝顶香会"，被列入市级非物质文化遗产名录，在2009年9月重庆市第二批非物质文化遗产名录中公布。

二、国家级"非遗"代表性评审项目申报

2014年经大足区非遗中心努力争取，重庆市"非遗"中心同意大足区申报"宝顶香会""大足石雕"等4项作为国家级非物质文化遗产代表性评审项目。随后大足"非遗"中心主任黄剑武牵头组建专家团队准备申报工作。李传授负责填报"宝顶香会"的申报表和撰写录像脚本。据大足区黄剑武主任介绍，除报送报表、录像片外，还有由李传授、张划、宋朗秋编著《大足

宝顶香会》一书，计两百多页，连夜扫描成电子档传送给文化部。经文化部组织专家组评审，建议将"大足宝顶香会"改为"宝顶架香庙会"，经报国务院批准，于 2014 年 7 月列入国家级非物质文化遗产名录。

第二节　传承人及传承谱系

一、引香师及传承谱系

外地架香团队由各地自行组成，其引香师及引香师传承谱系不明。本地引香师，民国以来，有化龙刘代清，三驱冯华哉，龙水黄海荣、张松柏，宝顶龙值彬、龙建泽，智凤李积福（原名李光英）等人。

发现传承谱系的引香师传承人只有李积福和张松柏。其他只作简介。

（一）李积福及传承谱系

李积福，原名李光英，女，农民，智凤镇人。从小拜佛，多年当宝顶架香庙会引香师，历年组织架香团队朝山进香宝顶山。现已 80 多岁，上山困难。2001 年 9 月为我们提供路本《团佛科仪》。师公余珍荣，传度恩师陈大友。

引香师李光英（李积福）传承谱系：

谢海廷→李善波→陈海涛→李宗杰→余善之→余珍荣、冯居书、蒋家富→余昌龙、韩树高、陈大友→李光英。

（二）张松柏及传承谱系

张松柏，双桥茅店子人。中华人民共和国成立前就当宝顶架香庙会引香师，每年组织茅店附近的善男信女到宝顶山朝山进香。2001 年 12 月，老人 80 多岁，生病在床，为我们介绍宝顶架香庙会的情况，还送两本路本。一本叫《长参》，另一本叫《拜香请圣全册》，非常宝贵。听说，张松柏不久逝世。2004年12月其子张洪光又送一本《参神记》。他们一家提供了三本路本。

引香师张松柏传承谱系：起教拜法祖师朱盛左（清同治七年，即1868年）→观请祖师李永恒、李常交，师太杨通文、杨正国、杨昌甲、杨顺兴、邓清士、邓法清→师祖刘朝炳（清光绪三十二年，即1906年）→师公陈正荣（民国十八年，即1929年）、陈正华（民国二十一年，即1932年）→如口传度师父唐世万（光绪二十六年，即1900年）→张先有→张松柏→张洪光。

（三）引香师兼司鼓唐吉光

唐吉光，生于1935年，大足区中敖镇卫平村9组人。9岁随父学习佛儒道三教科仪。11岁与师公川剧鼓师陆国卿学习帮腔。12岁为川剧座唱鼓师。以后正式以佛儒道三教法师登场，从事庆坛、做道场。多年为宝顶架香庙会舞龙灯承头组建锣鼓班子，并任司鼓。2008年下半年逝世。

（四）引香师刘代清

刘代清，大足县宝顶镇人，90多岁，退休干部。青少年时在宝顶架香庙会时，扮过十八学士，当过引香师。参加工作后，他多年不参与此事，但至今还能背唱架香团队参拜佛神时的佛偈子，知晓架香团队部分科仪。

二、器物传承人及传承谱系

（一）东关甘灯笼传承人甘治泉

甘治泉，甘灯笼传承人。甘灯笼从清代到民国世代相传，做拜香高脚灯笼，远近闻名。每年要售两三百只。另做小巧玲珑小纱灯，作为朝山进香标志物和纪念品。一年可售三五千只。21世纪初，宋朗秋、张划、李传授编撰《大足宝顶香会》一书，采访他时还健在。2006年出书后，给他送书时，已谢世。

甘灯笼传承谱系已十几代，但只知三代人名字：甘洪福→甘玉昌→甘治泉。

（二）火龙制作人蒋祖寿

蒋祖寿，火龙制作工艺大师，大足区中敖镇龙头街人，自幼喜欢美术，喜欢绘画、雕刻和篾扎工艺，更喜欢龙文化。他精心制作火龙已40多年，授徒多人。为谋生学徒皆各奔前程。唯他坚持在家，为每年的宝顶架香庙会扎制火龙。他扎制的中敖火龙头尾皆成"之"字形，全国罕见。其龙有20多米长，分7、9、13节，加头尾的节数只能是奇数。龙头、龙身、龙尾用一条长绳贯通连接而成。全身纸绸裱糊，裱绘精细，色彩斑斓，五光十色，十分绚丽，耀眼夺目。为非物质文化遗产项目"中敖火龙"代表性传承人。2024年1月谢世。

▲ 蒋祖寿扎火龙图

（三）火龙文化传人龙运光

龙运光，大足区中敖镇龙头街人，祖上三代皆为舞龙高手。龙运光长于舞龙头。他有较好的身体素质、扎实的舞蹈功底、娴熟的套路。他的龙队出阵，头尾相应，活龙腾空，时而昂首欲飞，时而盘身酣息，时而摇头摆尾，时而蠕身遨游，甚为壮观。他创作、编导和亲自参演的"九龙浴太子"，气势磅礴，热烈壮观。只见九条龙飞腾在浓烟滚滚、彩光四溢的舞台上，紧绕秃头"太子"周旋，口吐烟火，喷泉般的火舌直射"太子"头顶，寓意九龙喷泉浴太子，观众称绝。每年宝顶架香庙会上，皆可见龙运光表演中敖火龙的身姿。可惜，前几年已谢世。

现只知中敖火龙文化传人龙运光传承谱系三代人的名字：龙夕山→龙太文→龙运光。

（四）双桥杂技传承人及传承谱系

叶正林，1949年10月28日出生，通桥镇白鹤村7组人，师承郭万新。具有多年杂技表演经验，擅长高竿杂技和小丑表演。因年事已高，不能在现场表演。

谢凤国，1970年12月13日出生，初中学历，今通桥镇天星村4组人。双桥杂技狮舞传习所所长。1980年开始学习狮舞杂技技艺，师承周大开。擅长高竿杂技、顶功、叠罗汉、堆人山等，现传授杂技弟子85名。2009年11月被命名为双桥杂技狮舞区级非遗代表性传承人。2011年11月参加第八届中国（重庆）国际柏林博览会演出。

第一代：雷高堂（1857年左右）。

第二代：郭万新（1909年）。

第三代：叶正林（1949年）、郭代宣（1956年）、严化书（1937年）、蒋世瑞（1957年）。

第四代：周大开（1967年）、骆武明（1966年）、罗华春（1965年）、余德光（1965年）、郑学斌（1967年）。

第五代：谢凤国（1970年）、谢凤兵（1974年）、梁朝奎（1968年）。

第六代：江道刚（1982年）、江道强（1982年）、李红孝（1981年）。

（五）大足狮舞传承人及传承谱系

现知保留下来的传统狮班有陈家狮班和雷家狮班等。其传承人及传承谱系：

1.陈家狮班

第一代：陈平山（1889年），原系陈家狮班第几代传人不详，编者将其定为已知的第一代。

第二代：陈春林（1916年）、陈锡光（1914年），此二人又分别组建狮班，成为班主。名"春林狮班"和"锡光狮班"。

（1）春林狮班

第三代：陈建荣（1924年）。

第四代：姚用德（1959年生）、韦大才（1961年）、李世刚（1966年）。

（2）锡光狮班

肖文建，1964年元月出生，大足区石马镇红灯村4组人。8岁随师父李代洪学舞狮，技艺全面，可担纲狮舞任何一个角色，现与苟德清共同主持狮班事务。

蒋欣，女，2002年出生，大足区龙水镇人。现随肖文建、苟德清学习舞狮，主攻"猴角"，在学徒中，技艺出众。

第三代：李代洪（1937年）、陈国志（1936年）。

第四代：苟德清（1963年）、肖文建（1964年）、苟安友（1964年）。

第五代：陈秋江（1997年）、刘小阳（1999年）、谢冬（1997年）、赵飞（1998年）、蒋欣（女，2002年）。

2.雷家狮班传承人及传承谱系

已知传承谱系：

袁云中，1945年出生，大足区邮亭镇元通村人。技艺全面，现与陈世昌共同主持狮班事务，并带有曾道全等徒弟。

第一代：雷雨春、雷海林、雷昌荣、曹树林、郭万兴、梁银山、李明山（出生年代不详，编者将其暂定为雷家狮班已知的第一代）。

第二代：郑鹏渊（1926年）。

第三代：袁云中（1945年）、刘世昌（1939年）、陈代田（1942年）、姜怀友（1937年）、刘篾匠（1937年）、唐兴恒（1940年）。

第四代：曾道全（1960年）、曾道云（1959年）、曾道富（1962年）、罗本润（1962年）、罗昌禄（1961年）、罗昌其（1963年）。

3.双桥狮班传承人及传承谱系

严化书，1937年6月出生，通桥镇天桥村2组人，师承郭万新。具有多年舞狮经验，擅长舞狮头和高台狮子过脚。现年事已高，不能再进行舞狮表演。

谢凤兵，1974年7月出生，初中文化，今通桥镇天星村4组人。1986年开始学习狮舞技艺，师承周大开。1987年跟随师父郭万新出去巡回演出。擅长爬高竿、高台狮子过脚和笑和尚表演等。2000年至2009年，每年都去宝顶架香庙会上演出。2012年11月被命名为双桥狮舞重庆市第三批非物质文化遗产代表性传承人。

第一代：何以堂（1850年左右）。

第二代：雷高堂（1857年左右）。

第三代：郭万新（1909年）。

第四代：严化书（1937年）、叶正林（1949年）、蒋世瑞（1957年）。

第五代：余德光（1965年）、罗华春（1965年）、周大开（1967年）、骆武明（1966年）、罗全（1967年）、李道田（1965年）、郑学斌（1967年）。

第六代：谢凤兵（1974年）、谢凤国（1970年）、梁朝奎（1968年）、谭治明（1972年）。

第七代：李红孝（1981年）、江道军（1979年）、江道刚（1982年）、江道强（1982年）。

（六）万古鲤鱼灯舞传承人及传承谱系

万古鲤鱼灯舞传承人周树人（1917—2010年），重庆市大足区雍溪镇人。从小喜欢玩龙。新中国成立初，同盛仿尧、彭君瑞等人创演《鱼鳅吃汤圆》，受到欢迎。后将"鱼鳅"改为"鲤鱼"，创编鲤鱼灯舞。经逐渐改造提高，鲤鱼灯表演使鲤鱼姿态优美，活泼轻快，升降沉浮，慢而不断，快而不僵，圆润流畅一气呵成，给人以愉悦和美的艺术享受。他表演的《鲤鱼抢宝》，1955年参加全国第二届民间音乐舞蹈会演，并赴怀仁堂汇报演出。1994年重庆市授予周树人"重庆市民间艺术家"称号。1999年11月，重庆市授予万古镇"鲤鱼灯舞之乡"。其两个儿子周克均、周克强均擅长鲤鱼灯的制作和表演。

万古鲤鱼灯传承谱系：

第一代：彭君瑞（1905年）、周世成（1915年）、盛仿尧（1907年）、丁八字、周文中（1909年）、周树人（1917年）。

第二代：孙明才（1940年）、周克均（1947年）、邓帮初（1954年）、周克强（1953年）、易成绪（1942年）、何定模（1957年）、丁小兵（1955年）。

第三代：何圣华（1965年）、李义（1953年）、熊华友（1963年）、范孝彬（1960年）、孙中霞（女，1960年）、张邦英（女，1961年）。

（七）圣驾制作传承人宋雨田

宋雨田（1902—1970年），今国梁镇人。14岁随父学雕塑，做嫁奁，塑菩萨，雕"銮驾"（宝顶架香庙会架香圣驾）。中华人民共和国成立10周年大庆前夕，由四川美院设计、宋雨田木雕组制作的"喜鹊闹梅"，陈设人民大会堂四川厅，有八仙、罗汉等竹木精制工艺品成为国家主席刘少奇出国赠品。1959年评为工艺美术师，曾出国献艺。1962年获四川省劳动模范称号。他曾多年为宝顶架香庙会制作"圣驾"。1996年新编《大足县志》有他的传。

三、圣寿寺住持、方丈传承人及传承谱系

（一）住持、方丈传承人

赵智凤（1159—?），又名智宗，年方5岁，委身救母疾，于近处，古佛岩，剪爪削发为僧。立下"热铁轮里翻筋斗，猛火炉中打倒悬，伏请世尊为证明，五浊恶世誓先入"的誓愿，开创宏伟的举世无双的宝顶山石窟。宋嘉定十一年（1218年）前，宝顶山圣寿寺和大佛湾千手千眼观世音已建成。

朝拜观音的宝顶架香庙会已形成声势浩大的民风民俗。在赵智凤主持下，把被之以黄衣赭袍，奉之以龙床黄伞之神，变为圣驾，中间立"当今皇上万岁，万岁，万万岁！"。为架香团队壮大、发展和安全创造了有利条件。他把信仰和民俗紧密结合起来，化度众生，四方道俗很快云集其下，"声势之盛，轰动朝野"。1996年新编《大足县志》有传。

惠妙 明初大足县东报恩寺僧。永乐十年(1412年)蜀献王朱椿驾临宝顶，叹庙宇倾颓。十六年惠妙以重修宝顶山寺为己任，报经蜀王准行四方募资，昼夜展力，至宣德元年(1426年)寺院修好。又整修小佛湾、大悲阁、圆觉洞，并建"万岁楼"以纪念"蜀献王驾临宝顶"。于寺周植松柏5400余株，修通方圆石桥4座，为圣寿寺住持。并极力传承赵智凤创办的宝顶架香庙会，使"元明香火震炫川东"，"名齐峨眉"，"蜀人有上朝峨眉，下朝宝顶之语"。1996年新编《大足县志》有传略。

性超 贵州绥阳县僧人，清初应知荣昌县事兼摄大足县史彰之邀，偕师兄弟性正等5人赴宝顶重建寺院。初结庐山下，史彰助其种子、农具，开荒种地，先为积谷计。暇时执刀荷锄，逐渐开垦。力作勤苦，师弟多有悔心。性超坚忍不拔，继入寺，祝发住持圣寿寺，以身许佛，立誓永守。后募建圣寿寺，培修圆觉洞、大悲阁。性正方拟募建"天堂"，工未兴而圆寂。性超复竭力终其事，历时6年，神疲力瘁。性超深感宝顶山石窟修复后，让"千余年之圣迹得以永留，而一邑之生聚当由兹复振矣！"并深知"像教之设，唯借以诱化愚俗，令其触目惊心，时生善念"。又知传承赵智凤创办的宝顶架香庙会与像教[①]结合，岂不更能使众生"时生善念""诱化愚俗"？积极传承倡导每年举办宝顶架香庙会。宝顶架香庙会在清代、民国时期形成鼎盛，有性超之功也。1996年新编《大足县志》有传略。

（二）圣寿寺传承谱系

南宋：赵智凤创建圣寿寺，创办宝顶架香庙会，为第一代传承人。

---

① 像教：像法。亦泛指佛法。

元代失考。

明代：僧元亮、僧铭海、僧铭鉴、僧惠妙、僧惠旭、僧超禅、僧超玘、僧性正、悟南、觉本、觉诗、性儒、法全、祖镜、洪法明、觉珣、觉高、悟顶、悟朝。（共几代记录不详）

清代：

僧性超	康熙二十三年（1684年）
僧闻慧（南翁）	康熙五十六年（1717年）
僧万庵	雍正四年（1726年）
僧维庵	乾隆三年（1738年）
僧净明	乾隆十三年（1748年）
僧　性	乾隆二十四年（1759年）
僧觉舟、僧有久	乾隆二十五年（1760年）
僧晴舟	乾隆三十七年（1772年）磬山下第七代
僧德全	乾隆五十四年（1789年）
僧慧心	乾隆六十年（1795年）
僧惠崑、秀文	嘉庆六年（1801年）
僧照明、僧戒□	道光二年（1822年）磬山下第十二代
僧德芳	道光十八至二十九年（1838—1849年）并重修圣寿寺
心　朗	咸丰十年（1860年）磬山下第十二代
达兴、源衍（度澈）	同治七年（1868年）
玉宽、玉灿	同治九年（1870年）
源　禄	光绪二十五年（1899年）

民国：寿山→齐均→本洪→本怀

中华人民共和国成立后：

僧本树、僧本清（禅定）　20世纪50年代

释照知　1983年

释普正　1999年

（注：根据碑记等文字资料整理而成）

第三节　代表性传承人简介

1. 释普正（方丈）

原名赖正南，1955年6月生，中专文化，家住大足龙岗老北街。现任大足县宝顶山圣寿寺方丈。1990年8月出家于宝顶圣寿寺。1992年，先后在四川成都、彭县、乐山青神县等地任职。后回宝顶山圣寿寺，1999年任宝顶圣寿寺管委会主任、住持。2005年任大足县佛协会会长。2012年任重庆市佛教协会副会长、政协大足区第一届常委、重庆市政协第三届民族宗教委员会委员。2006年11月1日升座为方丈。现为"宝顶架香庙会"非物质文化遗产项目大足区、重庆市代表性传承人。

2. 冯道虎

中专文化，家住大足区龙水镇大围村5组，务农。1987年9月，经祖父冯昌富介绍拜赵兴洁为师，学习吹、打、唱、书法和"宝顶架香庙会"技艺。从1993年2月至今，每年当引香师，带领3拨架香团队朝拜宝顶。本人自幼跟祖父冯昌富学习宝顶架香庙会技艺，吹奏笛子、扎龙凤表箱、圣驾、香简等庙会活动道具。1989年3月，经赵兴洁引见，在宝顶山圣寿寺拜时任圣寿寺住持大果法师为师，正式皈依佛门。2005年3月，拜圣寿寺住持释普正为师，深入学习佛法，学做观音法会和祈福法会技能，并更换皈依证。冯道虎授徒20余人，如张德术、范太秀、冯显元、杨道中等。现为"宝顶架香庙会"非物质文化遗产项目大足区代表性传承人。

第四节　研究及提供资料人员

1. 宋朗秋

宋朗秋（1929—2013年），今龙岗街道人。1949年3月加入中国共产党，1956年毕业于北京教育行政学院。大足非物质文化遗产保护中心专家评审小组组长。

2001年开始，同李传授、张划多次上山下乡寻找走访宝顶架香庙会的亲历者、知情者，调查搜集宝顶架香庙会的历史资料，为2005年编辑出版《大足宝顶香会》一书，做了大量组织和调查工作。《大足县志》（1986—2011）有简介。

2. 庞书麟

庞书麟（1929—2024年），今重庆市铜梁区小林镇人。1950年毕业于西南美专，1951年调县文化馆从事美术教师培训和美术宣传工作。

铜梁小林到宝顶仅一二十里，他七八岁便随大人赶宝顶架香庙会。他就读的小学校门口是大路，遂宁、潼南、铜梁、合川的架香团队都由校门口经过。亲历、亲见、亲闻熟悉宝顶架香庙会的历史，关心宝顶架香庙会历史资料的著录编辑，建议搜集宝顶架香庙会的情况编印成书，并主动全面系统介绍宝顶架香庙会活动情况。有时边说边画，如画帽儿头、拜香灯笼、九品香烛等白描图，让大家一看就明白。《大足宝顶香会》一书中许多宝顶架香庙会的具体情况，是他提供的，并与刘翀一起，为《大足宝顶香会》一书画了一幅宝顶架香庙会长篇画卷。《大足县志》（1986—2011）有简介。

3. 张划

浙江东阳人，原名张庆义，1931年出生。1949年5月参军，二野军大毕业。

调县志办修志伊始，便关注大足石刻和宝顶香会的考察研究，着手收集香会资料，在县志中列宝顶香会专目。21世纪初与宋朗秋、李传授、蒋光华等，历时数年，遍访亲历者、知情者搜集宝顶架香庙会资料，编就《大足宝顶香会》

专著。2019年又为大足区地方志办公室编著《宝顶香会志》。《大足县志》（1986—2011）有简介。

4. 蒋光华

今中敖镇人，1945年出生，中共党员。大足非物质文化遗产保护中心专家评审小组成员。长期从事本县民歌、民谣、劳动号子、民间文学、宗教祭祀音乐、民间舞蹈的搜集整理工作。20世纪初参与宝顶香会历史资料的调查采访工作。并为收集到的佛乐曲谱、锣鼓牌子整理记谱。

5. 谢根先

今国梁镇人，1931年出生。1949年12月参加青训班学习，长期从事财会工作。

幼年在宝顶架香庙会为进香散客提过香篮，几位表兄都是宝顶架香庙会期间抬滑竿的脚夫，熟悉了解宝顶架香庙会活动情况。曾提供宝顶架香庙会组织情况、架香结构、进香流程、挂功果、餐饮、商贸、旅栈、游乐、纠纷等多方面的资料。还说：宝顶和峨眉山的关系非常密切，大和尚是峨眉山的二三把手，平时在成都，庙会期间来到宝顶；朝山进香的婆婆妈妈朝拜完了，还要说媒论嫁求欢喜，为姑娘媳妇牵线搭桥当红娘。

6. 刘翀

今智凤镇人，1969年出生。1991年求学于西安书法学院。2001年创办海棠书画院，从事书画广告和书画培训工作。2005年与庞书麟共同为《大足宝顶香会》一书绘制宝顶架香庙会长篇画卷。

7. 李传授

今拾万镇人，1937年生，中共党员，新闻高级编辑，1962年四川大学中文系毕业。大足非物质文化遗产保护中心专家评审小组成员，2013年后由专家评审小组成员推举为代理组长。曾撰写《谈〈大足石刻铭文录〉的得与失》《关于建立大足学可能性探讨》等多篇论文。1996年总编的《大足县志》获1997年全国地方志奖一等奖。

2001年在宋朗秋带领下，上山下乡调查搜集宝顶香会的历史资料。历时3年，与张划、宋朗秋共同汇集整理编辑出版《大足宝顶香会》。2006

年为中国政协重庆市大足县委员会教科文卫委员会编辑大足文史第二十一辑《宝顶香会》专辑,在《大足宝顶香会》的基础上增加充实了一些新的内容。又承担宝顶架香庙会列入《全国非物质文化遗产名录》申报报表填写和录像片脚本编写工作。写有《大足宝顶香会究竟起于何时》《宝顶香会回忆录》。大足历史文化丛书《大足非物质文化遗产》任执行主编,并编写书中《大足宝顶香会》等篇目。《大足县志》(1986—2011)有简介。

8. 陈学文

今高坪镇人,1976年生,中共党员,大学学历,副研究馆员,重庆市民间文艺家协会常务理事,重庆市非遗保护协会会员。参与编写《大足区非物质文化遗产名录》等非遗学术书籍。2013年为申报国家级非物质文化遗产项目"宝顶架香庙会"搜集、整理资料。此后,每年参与大足区宝顶香会节活动的前期组织筹备工作,并在活动现场搜集到大量图片和视频资料。

第八章

宝顶架香庙会的文化及学术价值

第一节　文化价值

一、"上朝峨眉，下朝宝顶"

清康熙二十九年（1690年）知荣昌县事兼摄大足县史彰撰《重开宝顶碑记》："足邑三十里许，有宝顶山寺，即维摩道场也。历代香火最盛，名齐峨眉。蜀人有'上朝峨眉，下朝宝顶'之语。"并说："元明香火震炫川东。"大足宝顶架香庙会兴于南宋嘉定十一年（1218年）前几年，并一年胜似一年。至元明香火震炫川东，形成西蜀朝峨眉，巴渝朝宝顶两大庙会并驾齐驱之势，故而名齐峨眉。

（一）峨眉天下秀

峨眉山，山高密林，奇峰怪石，云雾流泉，无处不是天然美景。全山森林覆盖率达87%，生长着高等植物3200多种，约占中国植物总数的十分之一。有国家首批列级保护植物31种，稀有的珙桐、桫椤更显珍贵。有国家列级保护弹琴蛙、大熊猫等29种。成群结队的峨眉灵猴，增添山之灵性。登高远望，常睹自然界中神奇景观，引人遐想。晴天观日出，雨天观云雾，阴天看云海，偶尔出现自然界的神奇变化，就被喻为神光、佛光、宝光、仙境，为道仙、圣僧创造了居住的优越自然条件，为峨眉山成为中国佛教普贤菩萨道场打下了坚实基础。

（二）天下名山僧占多

峨眉山优越的自然条件，吸引不少道长、高僧到此创道观，建寺庙。历代多有高僧大德者入朝廷讲法，有的得到朝廷经费支持，有的被题词赠匾，光大寺庙。相传东汉明帝永平六年（63年）药农蒲公登峨眉山采药，遇见普贤菩萨显相于山巅，因而峨眉山就渐成普贤菩萨道场。有史可考峨眉山佛教始于东晋隆安年间（397—401年）慧持大师建全山第一座寺庙，塑供普贤之像，名普贤寺（今万年寺）。梁武帝（502—549年）时，据说有一位传奇的宝掌和尚，活了1000多岁，别名"千岁和尚"，住锡①峨眉山宝掌峰。清代《峨眉县志》说宝掌和尚在峨眉山睹光岩下创灵岩寺，历经唐宋元明，成西蜀第一大丛林。相传前后有四十八重殿，于苍松翠柏中逶迤10里，同寺僧人有隔殿不识者，民间有"骑马烧香"之谚。这与宋代大足宝顶山圣寿寺，相传有"四十八重殿，走马关山门"之谚相似。唐宋时期峨眉山佛教进入鼎盛阶段。山上先后修建百多座寺庙。宋太宗太平兴国五年（980年），白水寺住持茂真禅师奉诏入朝说法，宋太宗听后大喜，诏赐峨眉山白水寺黄金3000两，铸普贤骑象铜像，在峨眉山普贤寺造大阁安置。山、寺因此名声大噪。山中各寺庙均供奉普贤。明神宗万历年间（1573—1619年）毁于火，慈圣皇太后赐金，诏令修复。明神宗为贺其母慈圣皇太后70寿辰，御题"圣寿万年寺"额，与大足宝顶山"圣寿寺"近名。在峨眉山中不只寺庙普遍供奉普贤，寺外还有许多普贤"圣迹"，如"洗象池""普贤塔""普贤石""普贤船"等。"上朝峨眉，下朝宝顶"的礼佛活动，同样属于佛教华严②思想的反映。无论《大正藏·华严经》或《大正藏·图像部》均把普贤与文殊列为毗卢遮那佛之胁侍菩萨。而"下朝宝顶"则是主要朝拜"千手千眼观世音菩萨"。《大正藏·图像部·千手千眼观世音菩萨》说千手千眼观世音是以毗卢遮那佛的分身像降魔而出现的。所以"上朝峨眉，下朝宝顶"不仅有大小东大路之便，而且从佛教思想体系来说也是相通的。

---

① 住锡：谓僧人在某地居留。锡，锡杖。
② 华严：佛教语。天台宗所说"五时"教之一。指释迦牟尼成道之初在菩提树下所说的大乘无上法门。

（三）峨眉朝山香会

因自然条件限制，峨眉山上悬崖峭壁，荆棘丛生，道险路绝，虎豹出没，除一些结庐修行的和尚外，偶尔有些酷爱名山胜景的名人雅士历尽艰险上山一游，则很少能到达山顶。在那样危险的山道上是无法容纳大批人员结队上山的，更何况那些脚小寿高的居士婆婆。为朝山者互相帮助，一可防盗贼，二可防虎豹伤害，三可防跌伤或跌至谷底，就兴起峨眉朝山香会。峨眉朝山香会，宋、明兴盛一时，明末清初战乱，寺毁僧亡，朝山香会不见。清代寺庙逐渐复兴，朝山香会复又兴起。多是外地人有组织地到峨眉山朝山拜佛。清代乾隆、嘉庆年间最为盛行。朝山时间每年从五月初五端午节开始直到八月十五中秋节结束，延续近4个月。会众多为省内各地的香客居士。尤以内江、自贡、资中、资阳、巴渝等地为多。香会会首也称引香或香头，大多为当地哥老会中有一定名望的头面人物。20世纪30年代后，引香或香头多为各地当地寺庙的当家和尚。香会名称多取菩萨名讳，如"观音会""普贤会"等。启香之前，由会首派人到峨眉向当地哥老会及地方头面人物送"柬帖"。其目的是先拜"码头"，以保证香会来去平安。香会到来后，先在县城东门外大佛殿整队。入城前，派腰系黄围裙、手执会名纱灯的执事两人打前站，沿香会要经过的街道挨户散发"拜帖"。各店铺接到拜帖后，在门外摆设香案、焚香化纸迎接。香会会首在前领队，接着是手举大幡的掌幡手走在两边。彩旗幡手后面是喧天的锣鼓和唢呐。再后是两对牙旗、绣旗簇拥着走在中间的黄缎底黑色绣字的会旗，上书某某香会。会旗后面是几十面各色彩旗。旗后8人或10人身穿黄缎马衬，用红漆抬扛抬着木刻贴金香塔，塔内点着檀香。塔架后面，香客们队列整齐，表情肃穆，口念佛号，鱼贯而行。走在队列前面的是士绅名流，叫做"大居士"。大居士后面才是身背黄布香袋、手捧供香的一般香客，少则几十人，多则几百人。

香会进城后，先到城隍庙殿前停驾参神。参神完毕，会众便去事先联系好的旅店歇息。这时，本地哥老会中的头面人物亲自登门拜望会首，并邀请香会当晚在茶馆喝茶，互唱"板凳戏"（川戏座唱）以示欢迎。第二天，香会启程到万年寺停驾。会众分头上山进香,并按约定时间回到万年寺启香回家。香会过后,随即有两名执事挨户散发谢帖。

随着经济发展,交通发达,社会安宁,人民生活日益提高,过去朝山行路难不复存在。到峨眉山朝山人数逐年增加,又形成新的香会形式。每年端午节后,由十几个或几十个中年男女组成的朝山队伍便陆续前去峨眉山。他们往往公推一至两个办事热心、正直、能干的男居士负责管理朝山途中诸如乘车乘船买票、吃饭、住宿、敬佛等一应事宜。香客们大都是同乡或同村人。有的身背黄布香袋,有的身背挎包,有的还背着收录机、照相机,以便沿途收听音乐、拍摄照片。

(四)西蜀、巴渝两大香(庙)会并驾齐驱

从"峨眉天下秀"和"名山僧占多",可知峨眉山是中国佛教四大名山之一、普贤菩萨之道场,又是世界文化与自然遗产,名声早已远播神州大地和五洲四海。大足宝顶山石窟和圣寿寺是世界文化遗产。至于峨眉朝山香会,历史之悠久,香会时间之长胜过宝顶,但规模和声势远不如宝顶架香庙会。特别是丰富多彩的佛偈子和上写"当今皇上万岁,万岁,万万岁!"的圣驾,更是宝顶架香庙会特有。规模之大,人数之多,内容和文化内涵之丰富,峨眉朝山香会却难以匹敌。宝顶架香庙会是大足区、重庆市及国家非物质文化遗产。峨眉只有峨眉山市城北 2.5 公里大庙飞来殿一年一度的"峨眉山大庙庙会",是四川省非物质文化遗产。"上朝峨眉,下朝宝顶",宝顶架香庙会与峨眉朝山香会并驾齐驱,当之无愧。

二、普陀与宝顶是中华观音文化东、西部两朵并蒂莲花

(一)观音道场普陀山的由来

1.优越的地理条件和佛经依据

普陀山,是舟山群岛的一个小岛,面积 12.76 平方公里。原名梅岑山。

此山远离大陆，人迹罕至，素被世人称为"海上仙山"。方志记载，秦始皇临宁波，望海中舟山群岛，云气环绕，以为是仙山蓬莱，遣3000童男童女入海求长生不老药。东晋葛洪在这里修道炼丹。这块仙山圣岛自然成为佛教徒追求幽静玄虚理想之地。岛上山峦起伏，怪石嶙峋，林木葱郁，古樟遍野，鸟语花香。此山东南3海里有一珊瑚礁形成的小岛，名洛迦山。两小岛合称普陀洛迦山。正与《华严经》《千手千眼无碍大悲心陀罗尼经》等经书中，所说观音菩萨在"南海补怛洛迦山"的道场其地理形胜和地名极其相似。有佛经依据，更使广大僧俗相信普陀山就是观世音菩萨在中国的说法道场。所以有人说，普陀山成为观世音菩萨道场是佛祖定的。

2.特殊地理位置

普陀山，东望日本，西通吴会，南亘闽粤，北接登莱，是中国与邻海国家的交通要道，自古成为中转站，以候风信①扬帆。普陀山东南的落伽山灯塔，现在仍是国际航道上重要的航标之一。这种地理位置，为供奉观世音菩萨圣像，最终成为佛教著名道场提供了机会和条件。

小岛开始供奉观世音菩萨是以日本僧人慧锷从五台山请来观世音菩萨圣像开始的。唐咸通三年（862年），他第三次入唐，至五台山朝圣，请得一尊木雕观世音菩萨圣像，于唐咸通四年（863年），一说唐大中十二年（858年），一说五代后梁贞明二年（916年），取道四明（今浙江宁波），渡海回国，船行至舟山群岛洋面，遇台风，三天三夜不能前进。慧锷奇异，跪在观世音菩萨圣像前祷告说：如果是我扶桑众生与菩萨无缘供养，我当遵从菩萨意旨，依船所到之处，安置圣像吧！祈祷毕，船就快速驶到普陀山潮音洞边停下。岛上张姓居民让出宅舍供奉观世音菩萨圣像。后称"不肯去观音院"。日子一久，朝拜者日多，全山寺庙皆供奉观音菩萨。所以有人说，普陀山成为观音道场，是观音菩萨自己选定的。

3.普陀山观音道场得到朝廷钦定

普陀山自唐开创道场以来，宋元明清四朝，历代敕建，赐额不绝。开始

---

① 风信：随着季节变化应时吹来的风。

岛上渔民祈求出海平安，多有灵异。消息传开，信者日众，一时成为渔民的保护神。到宋朝，前往进香、许愿、还愿者的善男信女络绎于途。出家僧侣也纷纷前往修行。宋神宗元丰三年（1080 年），翰林王舜封奉命出使"三韩"（朝鲜的新罗、百济、高句丽），在海上遇大风，十分危急。他急忙向普陀山跪下，口念"大慈大悲，救苦救难观世音菩萨"，随即金色光照耀全船，光中有观世音菩萨显现。马上，风平浪静，航船平稳前进。王舜封完成任务，回到朝廷，上奏皇帝。神宗赐币，在原小庵院基础上建寺，并赐额"宝陀观音寺"。特别是南宋宁宗嘉定七年（1214 年）赐"圆通宝殿"匾额，并指定普陀山为供奉观世音菩萨的道场，山中各圆通殿均供奉观世音菩萨圣像。故有人说，普陀山观世音菩萨道场是朝廷钦定的。

（二）普陀山观音香会

1.中华人民共和国成立前普陀山之香会

唐代以后，普陀山经历代兴建，寺院林立。鼎盛时期，全山共有 3 大寺、88 庵、128 茅蓬，4000 余僧侣，史称"震旦第一佛国"也。

据介绍，"海天佛国"普陀山一年之中有三大香会。千年以来已成中华一大民风民俗：农历二月十九是观音诞辰日，六月十九是观音成道日，九月十九是观音出家日，以二月十九最盛。每当香会期，舟山诸岛及全国各地的善男信女纷纷到普陀山朝圣进香，香客游客多时达数万。三个香会活动的内容、形式和范围大致相同，主要活动：

（1）朝山进香

舟山各岛屿的善男信女于农历十七、十八陆续进山，分别往各寺院庵堂进香敬佛，连路边岩石上的小菩萨也要烧上一炷香。全山香烟袅袅，人群济济，处处一派香会盛况。

（2）祝寿普佛

农历十八夜至十九凌晨，全山各寺院庵堂所有僧侣，在方丈或当家和尚的率领下，在大殿诵经做佛事。广大善男信女也跟着僧侣礼拜敬佛。

（3）坐夜宿山

农历十八夜里广大信徒跟随僧侣做完佛事后，就在寺内通宵坐夜，俗称"宿山"，以示对观音菩萨的诚心。坐夜一般都集中在普济、法雨、慧济三大寺，寺内的大殿、后殿、偏殿，乃至廊房过道、露天广场，都是挤得满满的坐夜者。

（4）登山礼佛

除坐夜宿山的以外，更有数以千计的信徒在深更半夜，手持清香，口念佛号，从法雨寺后门香云路沿着千层石阶，三步一拜登上佛顶山。香云路上信徒川流不息，通宵达旦。许多年过花甲的老人在那石板路上三步一磕头，拜上佛顶山，赶插"头炷香"。

（5）全体传供

农历十九中午，各寺院僧众集中诵经拜佛以后，即举行全体"素斋会餐"，也叫"敬佛"，规模十分隆重，类似民间的"冬至祭祖"和内陆的"庙会敬神散福[①]"。

2.普陀山今日之香会

（1）普陀山三大香会

普陀山，从20世纪90年代开始，传承发扬普陀山历代民风民俗，一年之中的三大香会，又称"普陀山三大香会期"。活动内容、形式、范围、程式与历代香会大致相同，只是香客、游人更多，内容更丰富。

（2）观音文化节和普陀山之春旅游节

普陀山除每年举办三大香会外，每年11月举办"普陀山南海观音文化节"；3月还举办"普陀山之春旅游节"。是以弘扬观音文化为旗帜，打造文化名山为内涵的佛教旅游盛会。其间有大型法会、佛教音乐会、众信朝圣、莲花灯会、文化研讨会、佛教文化旅游品展览会，具体包括声乐、舞蹈、戏剧、书画、摄影、灯谜、幸运抽奖、佛国茶道等一系列活动，吸引着众多海内外观音弟子、佛教信徒、香客游客聚缘"佛国"。

---

① 散福：布福。

3.普陀山与宝顶山是中华观音文化东、西部两朵并蒂莲花

普陀山是中国四大名山之一、著名的观音菩萨道场，历代到普陀山寻观音、拜观音的善男信女不知其数。据民国时期的照片资料，文字介绍说每天有抬滑竿的两千多脚夫上山，这说明平时上山拜观音的信仰者之多，就更不用说观音香会期的场景有多么拥挤、热闹。改革开放后，普陀山风景名胜区相继荣获"国家级安全山、文明山、卫生山"、国家5A级旅游景区、国家重点风景旅游区称号。游人常年如织，佛事四季不断。2004年接待游客230多万人次。每年三大香会期以及"中国普陀山南海观音文化节""普陀山之春旅游节"期间，路上行人摩肩接踵，虔诚朝拜，一派"海天佛国"景象。普陀山观音香会为浙江省非物质文化遗产。原兴旺几代的南五台山观音道场、大香山观音道场因普陀山声名过盛，而慢慢淡出人们的关注。

重庆市大足区宝顶山地处祖国西南，宝顶架香庙会，于宋代嘉定年间兴起，"历代香火最盛""元明香火震炫川东"，信众覆盖川东、川南、川北、川西乃至云、贵、湘、鄂，以观音菩萨为朝拜主神。香客、游人以架香团队为主，占朝山进香人数的三分之二。每年宝顶架香庙会，架香团队有三四百拨，时间达四五十天，人数少则十几万，多则数十万。明代，宝顶山就与五台山、普陀山齐名。而今宝顶山石窟和圣寿寺是世界文化遗产，也是国家5A级旅游景区。今日大足区的"宝顶架香庙会"是区、市、国家级非物质文化遗产。它与普陀山香会各有千秋，是全国朝拜观音规模最大、气势最宏的两大香（庙）会，可以说是中华观音文化东、西部两朵并蒂莲花。

第二节　宝顶架香庙会的学术价值

一、对巩固国家政权的积极作用

（一）圣驾，是宝顶架香庙会的最大特色

1.缘起

宝顶架香庙会的兴起，传说是古印度妙庄王为感谢三公主妙善献出手眼救命之恩，每逢千手观音生日，就组织宫廷群臣，抬着架香朝拜白雀寺。架香队伍里自然就抬有妙庄王这一圣驾。传到大足宝顶架香庙会后就把抬妙庄王的圣驾变为立有"当今皇上万岁，万岁，万万岁！"龙牌的圣驾。

其实，我们从宋嘉定十一年（1218年）任重庆知府度（庹）正所作《条奏便民五事》所述："臣窃唯蜀之风俗好为游观，凡遇岁时游观之日，无不盛服来会，甚者奉事鬼神亦资以为游观焉。然其志本在祈祷：或祈蚕，或祈谷，或祈福禄，或祈寿命，此外固无他也。然近年以来，衣服益侈，器仗益盛，队火益繁，而所事之神，则被之以黄衣赭袍，奉之以龙床黄伞。其人更相呼集，连结数州，多者千余人，少者数百辈。"这些叙述，极像宝顶架香庙会之架香团队。这时昌州和大足不属重庆府管辖，但都属蜀地。他所描写的就不只当时重庆府所属寺庙，而是蜀地，也就包括昌州大足宝顶。宝顶距重庆府不远，度（庹）正又是铜梁人，度（庹）正可能来过宝顶，亲睹宝顶架香庙会盛况。如没有到过宝顶，或许是看见重庆府所属寺庙组织架香团队到宝顶朝山进香的盛况。他所描写的架香团队可能还没有"圣驾"，而是"被之以黄衣赭袍，奉之以龙床黄伞"的神。因此，就引起重庆知府度（庹）正的担忧，条奏皇上敕旨加以禁约。宋朝廷准奏或没有准奏，不得而知。要"严加禁约"，管得较严，恐是事实。

赵智凤是宝顶架香庙会创始人，必定设法解决。他深知外来佛教文化不与中华传统文化相结合，是得不到官府和信众欢迎的。在建造宝顶山密宗道

场时，就注意引儒入佛，大力提倡儒教的孝道，并提倡忠君爱国。在宝顶山大佛湾把宋代皇帝太宗、真宗、仁宗称为三圣，并用三圣的口称赞佛祖为："惟（唯）有吾师金骨[①]在；曾经百炼色长新。"在宝顶山小佛湾有："上祝皇王隆睿算[②]，须弥寿量俞崇高。国安民泰息干戈，雨顺风调丰稼穑。"在宝顶山倒塔坡有："风调雨顺，国泰民安；佛日光辉，法轮常转。"在宝顶山四周结界像中多处有："风调雨顺，国泰民安。"这些颂词都体现赵智凤的崇佛尊王的思想，必然得到政府和信众的支持和信服。为让政府放心，赵智凤就让各地架香团队"被之以黄衣赭袍，奉之以龙床黄伞"的神，变为"当今皇上万岁，万岁，万万岁！"的圣驾。这样一来，官府不但不禁止，反而允许各地袍哥公口，寺庙堂口以及地方官府对圣驾还要跪接跪送，迎送各地架香团队，给架香团队壮大、发展和安全创造了有利条件。

2.圣驾，为宝顶架香庙会独有

我们前面已经介绍峨眉山香会团队只有用红漆抬扛抬着木刻贴金香塔，塔内点着檀香。普陀山古今香会都是个人上山，未见团队上山。更未见圣驾上山朝圣。除普陀山外，另有陕西南五台山观音道场。唐大历六年（771年）曾号为南五台山圣寿寺。宋太平兴国三年（978年）朝廷敕赐[③]金额[④]为"五台山圆光寺"，香火不绝。地方百姓，求雨抗风，祈福求子，无不应验。每逢清明时节或六月十九，四方百姓，携幼扶老，陟险登危，瞻礼圣像，相继月余，逐渐形成六月十九香会。陕西南五台山观音道场也无架香团队，更无圣驾。

还有一个著名的观音道场，那就是大香山道场。讲的就是"妙善得道成观音"的故事。据《汝州志》载，在唐代，汝州就修建香山寺，传为观音得道之处。寺中有宋朝蔡京（1047—1126年）撰写的碑记《大悲观音菩萨得道正果史话碑》。碑文说观世音菩萨是妙善公主，曾在香山修行得道。后妙善

[①] 金骨：佛骨，仙骨。
[②] 睿算：圣明的决策。
[③] 敕赐：皇帝的赏赐。
[④] 金额：金饰的匾额。

公主的舍利葬在观音塔下，故建此香山寺。现寺庙已废，大悲观音塔和碑刻尚存。这里的香会也曾十分著名，但仍无圣驾。神州大地上的观音香会，圣驾唯大足宝顶架香庙会独有。

3.圣驾对巩固政权的积极作用

圣驾，一般都较豪华。雕有寺庙和韦驮、观音等诸佛菩萨，说明是崇佛事，又主要是崇敬观音菩萨。中间立万岁龙牌，上书"当今皇上万岁，万岁，万万岁！"这就是尊王事。礼佛与尊王，崇神与尊圣，实现弘扬佛法，僧俗一体，营造忠君爱国、官民同庆的和谐氛围。既解除官府对架香团队的疑虑戒备，还可以获得官府的首肯和支持。各地基层政权和袍哥、寺庙跪接跪送圣驾，也有利于架香团队的发展。大足地区就是在元代有白莲教首领韩法师聚教徒起义，反抗民族压迫，自称南朝赵王；明代又有白莲教首领蔡伯贯率众起义，反抗奇重赋税，建国号大唐，建元大宝；元代、明代政府只镇压起义队伍，也没有因白莲教首领聚众起义而禁止宝顶架香庙会的举办，而是"元明香火震炫川东"。几百年来，宝顶架香庙会架香团队如此之多，规模如此之大，但从未发生过度（庹）正所担忧的反官府活动。事实说明圣驾对巩固封建政权只有积极作用而无负作用，因而未被历代封建统治者禁止。

（二）架香佛偈子在中华观音香（庙）会中独有

1.独有的佛偈子

我们查阅峨眉山、普陀山、南五台山、大香山等地，普贤菩萨道场、观音菩萨道场资料，未发现观音香会（庙会）像宝顶架香庙会那样内容丰富的佛偈子。最多就是称颂佛和菩萨称号，如，是唱非唱"南无阿弥陀佛""南无大慈大悲观世音菩萨"称号的细语声。宝顶架香庙会架香团队从出发地到宝顶山，沿途锣鼓喧天，佛歌悠扬。每到一处寺院，或场镇，或过桥，或遇土地菩萨，都要参拜。参拜时都要唱佛偈子。沿途行进中，锣鼓停，引香师即领唱佛偈子，佛偈子完，还领唱"佛吔，南吔无吔，南无阿弥陀唉佛！"大队伍就一声接一声的唱和。总之，路上遇什么唱什么。到宝顶山还要一龛一窟一楼一殿，逐尊佛菩萨参拜并唱佛偈子。有的照路本唱，有的即兴唱。

所唱佛偈子涉及面广而内容相当丰富。除赞颂佛菩萨功德、神力外，颂扬忠君、爱国、孝悌等中国传统文化思想的佛偈子较多。

2.所唱佛偈子对巩固政权的积极作用

（1）称赞孔圣人为万世师表

中国几千年文明，形成的忠君、爱国、孝悌等优秀传统文化思想，孔子起了极大作用。在《参孔圣人》中称赞孔圣人制订"孝悌忠信"为万世师表。孝悌忠信也是封建社会根基之一。

（2）赞颂忠君爱国历史人物

佛偈子对忠君、爱国历史人物岳武穆、诸葛亮、关云长、张飞等的赞颂，对卖国贼秦桧等的憎恨，表现出中国传统文化的爱国情怀。佛偈子祝愿各级父母官"赤胆忠心扶社稷"。特别是《国运佛偈子》鼓动那些远离红尘、不问国事的僧众和信佛者奋勇抗日，一样关心民族危亡、国家盛衰、心系祖国命运。爱国情怀灼灼感人。《供天法会》则直接唱：上祝祖国万岁，万岁，万万岁！有广大忠君爱国的官员和大众，国家就会团结一致对敌。

（3）大力提倡孝悌，促进社会和谐安宁

广大众生很大一部分朝山进香者都是为父母，为"双亲"，为行孝。朝山进香前，还要拜公婆；拜伯父、伯母、叔父、婶母；拜家公、家婆；拜舅爷、舅娘；拜岳父、岳母；拜哥嫂，皆一一唱佛偈子。

人世间，国是大家，家是国的社会细胞。只要各家对父母孝顺，对长辈孝顺，对兄弟姊妹妯娌和顺，这个社会就会祥和安宁。社会安宁和谐国家就安宁稳定。

（4）劝人诸恶莫作，众善奉行

佛偈子很大一部分劝人诸恶莫作，众善奉行，并宣扬善事做得多就上天堂，恶事做得多就下地狱，诱之以福，威之以祸，特别是《参阎王十殿》，劝世人诸恶莫作，力主家庭和睦，不要想冤枉钱，要戒酒除花莫赌钱等，不然就要下地狱受苦（现在则是受党纪国法的严惩）。这是民间用"中国特色的佛教文化"所作的劝世之文。这对疏解烦恼，净化心灵，遵纪守法，争做好事，不做或少做坏事，寄托希望，对建立人类和谐社会大有裨益。

（5）撞平安钟钟偈

钟偈："洪钟初叩（二、三叩），宝偈高吟，上彻天堂，下通地府。上视当今皇帝（国主）大统乾坤，下资率土①（诸侯、长官）高增禄位。三界四生之内，各免轮回。九幽十类之中，悉离苦海。五风十雨，免遭饥馑之年。南亩东郊，俱瞻尧舜之日，俱获仓箱之庆。干戈永息，甲马休征。阵败伤亡，俱生净土。飞禽走兽，罗网不逢。浪子孤商，早还乡井。无边世界，地久天长，永享康宁。"

二、宝顶架香庙会促进旅游发展

中华人民共和国成立前，每年的农历正月初至二月底，历时四五十天的大足宝顶架香庙会，架香团队三四百拨，香客少则十几万，多则数十万。当时叫朝山进香，参加庙会；现在则叫宗教文化和民风民俗旅游。宝顶架香庙会成为当时大足经济的支柱之一，对大足整体经济起到积极带动作用。大足宝顶山石窟和宝顶山圣寿寺是世界文化遗产，也是国家5A级旅游景区；由宝顶山石窟衍生出来的宝顶架香庙会也是国家级非物质文化遗产。两者皆是响亮的旅游品牌，两者都是宗教文化的产物。宗教文化不仅是人类文化的重要组成部分，而且是有特色、有吸引力的人文旅游资源，极具旅游价值。科学发展观就是要从实际出发，从大多数人民群众的愿望出发。目前在国外有大量的信众。大足旅游既然是面向全世界，加大民俗文化的积极运用力度，把大足的旅游做大做强。游客参观石刻艺术或自然风光来一次的多，如为宗教文化和民风民俗而来，则可以年年来，多次来，而且多舍得为宗教文化和民风民俗大方花钱。大足宝顶架香庙会是宗教文化与民俗文化高度结合而绽放的一朵奇葩，观音信仰者则不是只来朝拜一次，而是年年来，主动来，自动结伴或组团而来，并形成定式。甚至农历二月十九、六月十九、九月十九，一年朝拜三次。他们为宗教信仰和宗教文化决心惊人，《拜香请圣全

---

① 率土："率土之滨"之省。谓境域之内。

册·拜香帮道友》曰："烧香不怕灵山远，人有诚心神有灵。千山万水也要去，万丈深坑也要行。山高也有人行路，水深还有渡船人。"而今普陀山紧紧抓住观音信仰者的心理，举办三大观音香会；每年举办"普陀山南海观音文化节"；"普陀山之春旅游节"。一年四季香会、节日不断，常年游客络绎不绝，香会、节日期间，人山人海，摩肩接踵，旅游搞得红红火火。我们可以学习普陀山经验，大胆地将宝顶山石窟与宝顶架香庙会结合起来。庙会期间让架香团队有序进入宝顶山石窟区参拜。宝顶架香庙会期间，应充分发挥极具民风民俗的狮子、龙灯的作用。各路狮子相遇往往要破阵表演，竞技比赛，有"文阵三十六，武阵七十二，总共一百零八阵"之说。我们可以专门组织架香团队在圣寿寺狮子坝或广场举行盘香盘道表演，也可组织多拨狮舞或龙灯，举行"文斗"或"武斗"。"文斗"就是以锣鼓助阵，进行佛偈子对唱或说吉利对答，或锣鼓曲牌对打。"武斗"就是两拨狮子互相设关或设障碍物，双方各自设法破关或排除障碍。这如《刘三姐》对歌一样可吸引大量观众前来观看。有游客爱好者，也可出钱请狮班表演比赛。一可让宝顶架香庙会这一国家级非物质文化遗产得到传承和发扬；二可吸引更多的游客参观石窟，同时体验宝顶架香庙会的魅力；三可改变现在宝顶架香庙会只是集中烧子时香的状况。宗教文化和宝顶架香庙会中的民风民俗项目是大足最有价值、最有特色的旅游资源。宗教文化大足独丰，别处缺乏，这是大足的极大优势。因此，更应重视宝顶架香庙会这一宗教文化和民俗文化资源的开发利用，传承发扬，这对促进大足旅游必有积极作用。

宝顶架香庙会以朝拜千手千眼观音菩萨为主。只要到大足，要吉祥得吉祥，要安乐得安乐，要福得福，要长寿得长寿，可让人们的各种心愿，得到各种满足，高兴而来，满足而归。内心安宁，社会平和，千千万万崇拜千手千眼观音的人经常到大足来，到宝顶来！"寻观音到普陀，求观音到宝顶！"吸引更多观世音信仰者到宝顶山来朝山进香，并创新开展丰富而有吸引力的活动，增强文化软实力！

宝顶架香庙会中的佛事法会，多种多样，如五十三参、观音法会、开光法会、供天法会、放生法会、和平法会、传灯祈愿法会、祈福法会、撞吉祥钟等。佛教徒在架香庙会中通过对宝顶山石窟和圣寿寺的朝拜充实云游四方广益智慧；广大游人则希望通过架香庙会对宝顶石窟、圣寿寺和架香庙会民俗的浏览中了解宗教习俗，消除业障，洗涤不洁，安静心灵。二者虽然目的各异，但欲去名山圣境宝顶山的心情都是殊途同归。因此，大足正好利用这一民间宗教文化和民风民俗活动开拓旅游领域，发展旅游事业，以满足广大佛教徒和中外游人的需要。外国的佛教徒通过对我国民间佛事活动的了解，亲身感受到我国的宗教信仰自由，从而增进对中国的真实了解；国内的佛教徒则可通过这一佛事旅游活动，目睹祖国壮丽山川，亲身体会到中华人民共和国成立后和平幸福的安宁生活，从中受到一次爱祖国、爱社会主义的生动教育；而中外游人则通过对佛事民俗的了解，充实旅游内容，丰富旅游知识，增加旅游兴趣，满足旅游愿望；对地方来说，则为多途径开辟旅游门路创造了条件。因此，只要我们对佛事旅游活动加以正确引导，去其陈规陋习、封建迷信的一面，取其宗教信仰一面，这对充分体现党的宗教政策，大力发展地方旅游事业是大有裨益的。

三、宝顶架香庙会在宗教、民俗等多领域，都有科研价值

（一）架香庙会是宗教文化与民俗高度结合的产物

宝顶架香庙会是宗教文化与民俗文化高度结合而绽放的一朵奇葩，结出的一大硕果，是大足石刻不可或缺的重要组成部分。它直接间接折射出广大民众对宝顶山石窟艺术的理解，对宗教文化的认识，影响着中华民族，尤其是巴蜀地区的意识形态、民风民俗，影响着大足地区经济、文化的发展和进程。佛偈子来源于佛经，多为颂赞佛菩萨功德、功力。宝顶架香庙会所唱佛偈子，除颂赞佛菩萨功德、功力外，对大佛湾石窟一龛一窟所唱佛偈子，折射出广大民众对宝顶山石窟艺术的认识和理解，对宗教文化的认知。宝顶山石窟中的忠孝、三教合一等思想是受中华民俗文化的影响。石窟中不孝之人遭雷打，要下阿鼻地狱；向打儿窝丢钱，丢中将得子等，又深深影响着中华、

巴蜀及大足的民俗文化。其他佛偈子内容则相当广泛，充分反映了大足、巴蜀、湖广地区的民风民俗。特别是《对佛偈》记录了盘香盘道时涉及天文地理、佛经故事、神话传说、民间故事、民间传说、人伦道德、日常生活知识等，可说是包罗天上，囊括地下，将宗教文化与民俗文化水乳交融，难分难解。大足石刻三教合一，特别是宝顶山石窟把儒释道圆融得如此圆满之原因，在这里或许看出些许端倪，值得研究。

宗教文化与民俗文化在这里如何高度结合，更值得我们深入研究。架香庙会丰富佛偈子的构成、特色、作用等我们皆未作系统研究，只好留待后来去完成。如何开发利用更值得后人在研究的基础上，根据时代需要，把它升华和发扬光大。要研究利用，首先要作好基础工作。希望有知识广博者把现有佛偈子加以注释，编印成一本知识广博、故事性趣味性强、通俗易懂的《宝顶架香庙会佛偈子选注》，供宗教界和广大信众参阅和研究。

（二）传承发扬民俗文化

架香庙会在游乐活动中出现的龙灯、狮舞、杂技、戏剧等，具有浓厚的地方民俗色彩，都是昔日深受欢迎的民间民俗活动。逢年过节，结婚庆寿，都要玩龙灯、耍狮子。玩狮舞时猴角在高竿上玩高难度动作，惊险而风趣。玩狮子到各家说吉利，由主人设障碍物闯关，把红包放在高难处，让玩狮人或猴角去取等，同宝顶架香庙会中玩狮舞的文斗与武斗相似。乡间红白喜事，玩龙灯、狮舞，由龙、狮口中挂出贺喜或吊孝的字幅，与圣寿寺狮子坝猴角在高竿上挂出"南无阿弥陀佛"条幅一样。还有庙会中逗车幺妹、唱川剧等，也是民俗文化的传承。

综上所述，架香庙会的核心是佛教，但佛偈子中所包括的儒教、道教成分浓重。除佛、儒、道这些历史时期的人为宗教，尚收纳不少的原始宗教，如自然崇拜、图腾崇拜、生殖崇拜等。以上均为史前和历史时期固定的宗教、神。有的地方还吸聚临时"诞生"的"神"，有可能是架香团队所在地的地方信仰及其相关的让人摸不着头脑的云里雾里的神。总之，架香佛偈子集中国宗教之大成，一切为我所用，全部敬天事、重人世，崇宗教、尊王室，求社会和睦，国家平安，人神皆大欢喜和平共处。本书是研究中国特色宗教文化的活化石。佛偈子除宗教主轴之外，举凡社会的生产、商贸、交通运输等，芸芸众生的柴米油盐酱醋茶、衣食住行、男婚女嫁、生老病死、传统美德、礼义廉耻等等，包罗万象。大足宝顶架香庙会佛偈子是一部中国传统文化的百科全书，全景式地展示中国文化。随着中华人民共和国的成立，随着改革开放华夏富起来、强起来，架香庙会佛偈子这部"百科全书"一天天和我们拉开距离，相当一部分成为遗珍。所以，宝顶架香庙会文化可以成为沟通昨天中国和当今华夏的一座桥梁，一旦桥梁显示疲态甚至塌圮之虞，"昨天中国"的好多"活化石"就成为中国文化无人知晓的绝世遗响！

第九章
传承宝顶架香庙会

第一节 架香庙会现状

一、团队濒临消失

宝顶山，元明以来，香火鼎盛，名齐峨眉。长期以来在宗教信仰和传统习俗的驱使下，积极性高，加之到宝顶朝山进香，年复一年，习以为常，约定俗成，无须人组织，无须人号召，到时会自动而来。在宝顶架香庙会四五十天里，架香团队有三四百拨。一拨架香团队，少则上百人，多则数千人。这在全国实属罕见。随着时间的推移，时代的变迁，宝顶架香庙会的社会基础也发生变化。中华人民共和国成立前，宝顶架香庙会的主要主持者，一是袍哥公口，二是寺庙堂口，三是各种民间团体以及乡里基层行政部门。袍哥公口，人多势众，遍布全国各地，有组织，有势力，有社会和经济基础，可做到一呼百应，带头组织架香团队比较容易，走到哪里，哪里都有人接待。现在袍哥早已不存在。另一主要主持者应是寺庙堂口。历代各地寺庙林立，多数寺庙有田产，有僧尼，更有广大善男信女，资金和人力都较雄厚，出面组织也较容易。至今大足地区各地寺庙上百，但皆无田土，又无其他收入，除少数批准允许开展宗教活动外，多数不允许开展宗教活动，不可能出面组织架香团队。所有寺庙从经济实力和人员等方面都无力组织较大规模的架香团队。加上重庆市有关部门规定，凡寺庙组织三百人以上的活动，要报市有关部门批准。这又大大限制了架香团队的人数规模。如今的宝顶架香庙会只靠少数批准允许开展宗教活动的寺庙及信仰观音文化的善男信女和居士自主组织架香团队。20世纪八九十年代架香团队逐渐恢复至100多拨，每拨最多人数达几百人。近年来缺乏经济支持，缺乏广泛动员，又缺乏组织人才，因而架香团队数量和每拨人数年年递减，每年不足100拨。有时一拨架香团队人数只有二三十人，或一二十人，少得可怜，总的趋势是濒临消失。

二、特制器具制作濒临断代

拜香团队的器物多是精雕细刻之物，要求创作之人要有高超的技艺。有的器物可说是宝顶架香团队专用品，制作难度大，要求技艺高。有的是口授心传，人亡艺绝，后继乏人。

（一）拜香灯笼

大足东关甘灯笼，专门为架香团队制作高脚拜香灯笼。因灯笼大，手提久了又酸又疼，就专门做个能收能开的三脚灯笼。在大队伍行进中就提着走，停下来就打开三脚放在地上，让手歇歇气。甘灯笼艺人相继谢世，未传艺他人，人亡艺绝。捏面艺人兼圆灯笼制作人李大贵近年谢世，其艺无人为继。

（二）圣驾

制作圣驾，要求技艺高。繁者要雕龙楼、宝殿、大雄殿、钟鼓楼、山门，还要雕韦驮、观音等诸佛菩萨，中间立龙牌。圣驾雕刻技艺要求更高。大足制作圣驾有名的只知有宋雨田，中华人民共和国成立前其已为宝顶架香庙会制作多年；中华人民共和国成立后，宝顶架香庙会还未复兴，就于1970年谢世。今日之圣驾简单粗糙不能与之同日而语。

（三）龙灯

宝顶架香庙会中的龙灯有火龙、彩龙、小金龙等。大足昔日各主要乡镇都有制作大龙、彩龙之工匠，宝顶架香庙会时，制作龙灯十分方便。而今只有中敖火龙，还有传承人、工艺大师蒋祖寿（已逝）能扎制活灵活现的火龙。近几年，宝顶架香庙会中除中敖火龙外，偶尔出现小金龙，其外皆无人为继。

（四）九品香烛

九品香烛，就是9支大香，9支大烛。大者两人抬1支，小者两人抬9支。今日的高香高烛只是一般香烛加大加长而已，昔日的九品大香、大烛则多年不见，实则制作技艺复杂，后继无人。

（五）十八学士、十八罗汉、八仙和二十八宿

宝顶架香庙会的十八学士、十八罗汉、八仙、二十八宿，有的是画，有的用纸扎，有的是木雕，有的用金属铸造，有的由人装扮，不一而足。今日的宝顶架香庙会，只见少许纸画十八罗汉、八仙，用纸扎、用木雕、用金属铸造，皆无这方面的能工巧匠。架香团队更无经济实力，雇人装扮十八学士等。二十八宿，我们搜集到民国时期部分木雕二十八宿及架香仪仗，十分珍贵，但不齐全，只见局部。而今更无这方面的雕刻大师。

三、引香师缺少后续

龙水引香师张松柏于10年前去世，尚在世的刘代清、李光英、冯华哉等人已年登耄耋，难以肩任，还需培养新一代传承人。引香师说起容易，实在难寻。作为一位合格的引香师真不简单，架香团队行进路上和朝山进香时，一律要听从引香师的指挥。谁处烧香拜香，谁处唱佛偈子，唱什么佛偈子，怎样盘香盘道，怎样票香，怎样交香都由引香师主持。成为引香师的条件还比较苛刻。

首先，要有号召力，凝聚力。要广大善男信女信任他、拥护他，说话有人听，做事有人帮，才能集聚较大的架香团队。

其次，要有组织能力。成百上千人的架香团体，引香师如何带着队伍秩序井然地一站一站走到宝顶山，有的要乘船，要赶车，或集体，或分散到达

宝顶山，到宝顶山后，如何集中，如何朝山进香，朝山进香完后，如何让香客安全回到家中，引香师都要有缜密细致的规划。总之，成百上千的队伍又多是老年人，吃喝住行病都得周密策划，缺乏组织能力确实指挥不了这样的大队伍。

再次，要有广博的知识。从所搜集到的路本可以看出，架香团队沿途所朝拜的地方和到宝顶山所朝拜的一龛一窟一殿一楼，所涉及的历史、佛教等三教九流的知识以及神话传说、民间传说、民间故事等，非常广泛。特别要对大足石刻有所了解，有所认识，对宝顶山大佛湾的一龛一窟要知道这是什么佛，或是什么菩萨，还要知道一龛一窟的具体内容，朝拜时才能唱对相应的佛偈子。对圣寿寺的一殿一楼也要熟悉，才能引导香客朝拜，唱对相应的佛偈子。如遇人多，架香团队多，犯了规，岔了香，引起盘香或称盘道，天上地下，相关知识，了然于胸。对唱起来你才走得脱。不然你就该认输，道个歉让人家先走。

第四，对架香团队组成、道具、流程要熟悉。能背，能唱多首佛偈子，如能见什么就能唱什么，那就更受欢迎。对什么走前，什么走中间，什么走后面等，也要熟悉，才能使队伍有序而不乱。引香师的声音要洪亮，一领众和才能响彻云霄。

总之，要培养这样的引香师人才，非一日之功，必须要较长时日才能成功。加上愿学者寥寥，薪火难传啦！

四、架香庙会的原生态民俗即将消失

《宝顶香会志》指出："20世纪80年代后是为现代香会节并融入大足石刻国际旅游文化节时期。大足石刻是以佛教造像为主的宗教造像，大足石刻国际旅游文化节活动与宝顶香会的宗教民俗活动，相融并济，异曲同工，把宝顶香会推向一个更高更完美的时代新阶段。"是否"把宝顶香会推向一个更高更完美的时代新阶段"呢？值得研究。中华人民共和国成立之初，在"推翻三座大山，反对封建迷信"的政治氛围中，对宗教文化、民俗文化与封建迷信未能正确区分，政府不支持宝顶架香庙会。宝顶架香庙会停止活动。20世纪80年代渐渐有本地和外地香客到宝顶礼佛，一年胜似一年。1984年后凡农历二月十八、十九交替之时开始烧"子时香"，在烧子时香前，先做五十三参法会，热闹非凡，成为宝顶架香庙会的一大风景和主要活动。90年代庙会活动更加兴盛。1994年农历二月十九观音诞辰，十八日夜香客约有4万余人，有老婆婆老奶奶结伴"打的"而来，大小车辆上千辆。县上多位领导及有关部门上山值勤，疏通车辆，保证安全。1996年，由有关部门成立指导委员会，以扩大开放，发展经济为目的，试办庙会节获得成功。此后年年举办宝顶架香庙会节，会期二日、三日、五日、七日不等，香客少则数万，多则10余万。庙会节指导委员会一般由旅游、文化、大足石刻博物馆、圣寿寺管委会等部门及公安、工商、交通、电力各局及宝顶镇组成。2005年庙会节，香客、游人16.5万人次。此次庙会节活动有三大板块：一是烧龙灯、耍鲤鱼灯、放焰火等民间民俗文艺活动；二是夜游大佛湾、参拜千手观音；三是圣寿寺举办佛事活动。这年，因架香团队可到宝顶山大佛湾石刻区礼佛，最大一支架香团队近500人，是中华人民共和国成立后较大架香团队之一。2006年，重庆市把大足宝顶架香庙会列入重庆市"十一五"规划项目，引起县领导更加重视。2007年举办"中国大足宝顶架香庙会旅游文化周"，由旅游局、民宗办主办，大足石刻博物馆、圣寿寺承办。各乡镇20余支民间艺术表演队巡游表演，并演出《石刻情韵》专场。2008年宝顶架香庙会文化周，7天接待游客45万人次，其中农历二月十八、十九日达20万人次。2017年举办中国重庆大足石刻国际旅游文化节暨第838届宝顶架香庙会，总体活动时间，3月8日至5月3日，达50多天。

纵观40多年来，宝顶架香庙会与大足石刻国际旅游文化节活动同时举办，体现出宝顶架香庙会是世界物质文化遗产大足宝顶山石窟衍生出来的非物质文化遗产。宝顶架香庙会是宗教文化与民俗文化高度结合而绽放的一朵奇葩，是大足石刻不可或缺的重要组成部分，是难解难分的两兄弟。不足方面，主要对宝顶架香庙会的民间信仰和民俗文化的性质、作用和价值，缺乏足够认识，致使领导不敢正面积极引导和支持，关注宝顶架香庙会原生态不够，只突出宝顶架香庙会烧子时香活动。这就突显出不利于非物质文化遗产保护、传承问题。广大观音信仰者集中在观音菩萨诞辰日前一天的十八日上午开始，或步行，或乘公共汽车，或自驾车。这样，朝山进香香客过于集中，一天一夜几万、十几二十万人涌向宝顶山，给宝顶山的安全带来考验。烧子时香晚上，要组织上千人员上山维持秩序，以保香客安全。经历30多年的烧子时香，观音信仰者认为不费时不劳神一下就满足他们求观音、拜观音、感恩还愿观音的朝山进香全过程，比天天念阿弥陀佛还方便，比组织架香团队步行或乘车到宝顶都简捷、省事得多。从20世纪90年代开始，架香团队拨数和每拨人数逐年减少，架香团队原始的法物，如龙灯、狮子、圣驾等，渐行渐远。2017年中国重庆大足石刻国际旅游文化节暨第838届宝顶香会，组织大足周边各大寺庙架香团队分批次朝圣宝顶，除中敖火龙和万古鲤鱼灯，及一些旗幡外，架香团队的其他组成部分，皆不见踪影。开始几届的香会节，宝顶搭建了许多商棚商架招商，引来不少摊主把货物运上山，几天高潮过去，没有人流，也就形不成物流。摊主赚不了钱，就没有人愿意再上山摆摊。只有在烧子时香前后两天摆香蜡纸烛和小吃的摊贩增多，往日的摊棚遍山野早已不见。

宝顶架香庙会的原生态民俗文化缓慢淡出！

第二节　对策

一、提高对架香庙会的认识

宝顶山圣寿寺和宝顶山石窟，20世纪60年代国务院就定为国家重点文物保护单位，1999年列入世界遗产名录。这是对宝顶山圣寿寺和宝顶山石窟的最大肯定。宝顶山石窟就是赵智凤一手策划、统一雕造的全世界最大的密宗道场，是佛教文化圣地，也是三教圆融①的文化圣地。佛教文化早已成为中华传统文化的一部分，道教、儒教文化更是中华本土文化，当然应是中华传统文化的重要组成部分。大足石刻是国宝，也是世界文化瑰宝，本身就是宗教文化。在对外宣传、旅游开发等方面，对利用宗教文化优势因势利导。大足最大优势就是宗教文化，重庆各区县无法匹敌。我们只要按习近平主席在党的二十大报告中指出的"坚持我国宗教中国化方向，积极引导宗教与社会主义社会相适应"的指示办，在宝顶架香庙会中与时俱进，引导众生为世界和平祈祷，为建设人类共同体贡献力量，为祖国风调雨顺、国泰民安祝福，在精准把握宗教文化基础上加大开发力度，以创造旅游文化奇迹。

宝顶架香庙会是世界物质文化遗产大足宝顶山石窟衍生出来的非物质文化遗产。宝顶架香庙会是宗教文化与民俗文化高度结合的硕果，是大足石刻不可或缺的重要组成部分，是难解难分的两兄弟。宝顶架香庙会是大足区、重庆市、国家三级非物质文化遗产，各级人民政府应按《中华人民共和国非物质文化遗产法》的要求，"应当将非物质文化遗产保护、保存工作纳入本级国民经济和社会发展规划，并将保护、保存经费列入本级财政预算"，"应当加强对非物质文化遗产保护工作的宣传，提高全社会保护非物质文化遗产的意识"。各级政府保存、保护宝顶架香庙会，不仅是任务而且是职责。职责在身，任重道远，各级干部应该准确判分宗教文化与封建迷信，彰显架香庙会与当代相容部分，做大做好，将其文化价值和经济效益最大化，以服务于当今两个文明建设。宝顶架香庙会的"圣驾""佛偈子"在全国观音文化中为独有，可称国之瑰宝，我们更应珍惜，让它在大足旅游、文化传承、民风民俗研究中发挥独特作用。

---

① 圆融：佛教杂语。圆者周遍之义，融者融通融和之义，简言之，即破除偏执，圆满融通。

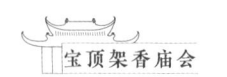

二、保护石刻与传承架香庙会的关系

（一）必要性

宝顶架香庙会是大足石刻物质文化遗产的衍生物，离开宝顶山石窟，这个衍生物就难以存在和发展。这就需要庙会期间，在制订详细保护石窟措施前提下，免费允许架香团队进入宝顶山石窟区大佛湾礼佛。这很有必要。

（二）可能性

宝顶架香庙会至今已 800 多年。其间多数年份都让架香团队自由进入宝顶山石窟区，朝山进香：在大悲阁千手千眼观音前跪拜、许愿、还愿、燃九品大烛；沿大佛湾一龛一窟参拜。从宋代到而今，经无数香客参拜，而未见香客破坏佛菩萨一指一足，更未见香客损毁石窟一龛一窟。现在石窟区到处都有摄像头，有保安和管理人员巡游，无人敢在朝拜中损毁文物。加上我们制订切实可行的缜密的保护措施：如架香团队何日何时进入石窟区，有多少人，有些什么架香？必须事先告知宝顶山石窟管理部门统一安排，得到允许后才能进入（如没有架香，只是香客或散客就不能进入）；规定进入大佛湾不能烧钱化纸，不能点香烛，千手观音殿前只能献电子香烛等保护措施。这既能保护、利用好石窟，又能让这一难得的国家级非遗宝顶架香庙会得到传承和发扬，何乐而不为。每年举办的中国重庆大足石刻国际旅游文化节，除了招商引资，引人参观大足宝顶山石窟外，未见更多吸引游客的活动。我们应利用好宝顶山石窟和宝顶架香庙会这两块金字招牌，逐渐把原生态的宝顶架香庙会还原，哪怕还原一半，带来的旅游观光人数势必成倍增长，起到物质文化遗产大足石刻和非物质文化遗产宝顶架香庙会共同发展，相得益彰，展翅双飞，增强大足文化软实力的作用。

（三）有法律保护

《重庆市大足石刻保护条例》第三章第二十条："大足石刻保护管理机

构应当加强大足石刻历史、艺术、科学、社会、文化等价值的研究和传播，支持与大足石刻相关的非物质文化遗产的传承。"前面已讲，宝顶架香庙会是物质文化遗产大足石刻的衍生物，宝顶架香庙会是宗教文化与民俗文化高度结合而绽放的一朵奇葩，是大足石刻不可或缺的重要组成部分，是难解难分的两兄弟。宝顶架香庙会当然是"与大足石刻相关的非物质文化遗产"。按《重庆市大足石刻保护条例》规定，就应支持"与大足石刻相关的非物质文化遗产"宝顶架香庙会的传承。

三、可采取措施培养传承人

《大足非物质文化遗产·序》中指出："要依靠政策指导和舆论引导，依靠有效的宣传与教育，还要靠政府经济扶持，有组织、有计划地办培训班，或倡导、鼓励以师带徒，或纳入学校教学内容，培养一批传统工艺的制作者，精湛技艺的表演者，使非物质文化遗产深入人心，代有传人。"原生态的架香庙会濒于灭绝，除了认识等原因外，还有一个重要原因就是人才匮乏，有的就是人亡艺绝，无法挽回。现在有些人才虽年到耄耋，但还能说、还能指导。我们应抓住良机办培训班，培养一些传承人。如可办架香团队引香师培训班，现在还可找到老师讲课传授。中敖火龙，舞龙人龙运光人虽去，但生前已在中敖中小学校培养了一批人，但扎制火龙人不多。扎制火龙传承人蒋祖寿曾教了几位徒弟，他们为了谋生都各奔前程，只有他一人坚持火龙制作。狮子舞器物的制作，原万古、石马、龙水、三驱、邮亭、珠溪等地皆有制作工匠。因近20年，春节、宝顶架香庙会，家族、家庭庆典，对狮舞无人问津，玩狮舞成"罕见活动"，制作工匠难寻，十分可惜。根据情况可召开座谈会，互相交流技艺和经验，在各镇街将狮舞活动开展起来。也可以办培训班，让双桥狮班讲课，表演，教制作狮舞活动器具。架香团队所需道具的制作，能找到制作工匠的，就可办培训班培训，或以师带徒，使宝顶架香代有传人。

四、可在架香庙会期间组织比赛

宝顶架香庙会从 1984 年才开始烧子时香，以后逐渐形成以烧子时香为主。现在，"大足宝顶香会"更名为"宝顶架香庙会"，架香和架香庙会原味反而渐行渐远。如不改变这一现状，架香团队日益减少，"宝顶架香庙会"这一我区难得的国家级"非遗"或许将从名录中取消。因此，可以在每年宝顶架香庙会期间，举行架香团队比赛，架香团队构成中，必须有流星、灯笼、龙灯、狮子、圣驾等才能参赛。参赛后，要比从引香师唱佛偈子质量，架香团队纪律、安全措施等。

附录

架香庙会科仪原始资料（节选）

这是来自民间的七本珍贵路本，可称国宝。我们照原件抄录。有的路本满篇错字、漏字、别字、同音字，我们尽力把这些字猜正确，但水平有限，不免改错、抄错，兼之这些路本是中华人民共和国成立前的民间作品，立场、观点不一，请读者自辨之。正文引用整首佛偈子，这里尽量不重出。

一、参[①]神记

《参神记》是双桥茅店张松柏之子张洪光于2004年12月提供的手抄本。

参护法神

护法龙神坐得高，拜香崇圣把香烧。
神在山门施法力，盟为父母报劬劳。
手中法宝拿一个，嘴上龙须有二毫。
人子虔诚来参拜，祈保清吉乐逍遥。

---

① 参：即参拜：以礼进见上级或辈分高的人；瞻仰敬重的人的遗像、陵墓等。这里指参拜神佛等。

参伽蓝

烧香人子拜伽蓝，双膝跪在神面前。
庙中神圣常经管，大雄宝殿听佛言。
善男信女来还愿，仰望神圣去通传。
人子虔诚把礼献，祈保回家得安然。

参观音

稽首参拜观世音，寻声救苦是慈人。
白雀寺中成正觉，紫竹林内显威灵。
手上数珠施法力，瓶中净水度众生。
唯愿菩萨开慧眼，祈保人民寿长春。

参圆觉

十二圆觉古今传，盘脚坐定万人缘。
排连观音两旁下，遨游南海少难间。
一象不殊功泽妙，满堂无异法力绵。
人子焚香来参拜，祈保清吉回家园。

参药王

药王大帝孙真人，医虎针龙有功勋。
龙因眼目离沧海，虎为牙病出杏林。
二人得过药王道，一颗仙丹救凡民。
妙药医散冤孽病，灵丹救济世间人。

参财神

烧香人子意虔诚，拜到财神宝殿门。
自幼修道峨山岭，罗府洞中苦修行。
失掉神珠心大恨，怒气冲冲捉他人。

黄河阵中成了圣，西蜀城内封财神。

参孔夫子

手捧真香入庙堂，参拜至圣文宣王。
杏坛起教为师长，尼山讲学是文章。
礼乐诗书从口诉，颜曾闵冉在宫墙。
孔夫子来大圣人，祈保人民福寿长。

参神农

神农皇帝大明君，常赐五谷救人民。
乃积乃仓歌盛世，丰衣足食报皇恩。
足食皇帝垂常制，更使尧舜乐升平。
人子焚香来参拜，祈保清吉享太平。

参轩辕

焚香参拜轩辕黄，轩辕黄帝制衣裳。
衣裳制起人民受，人民无以报君王。
君王爱民如赤子，赤子方才报爹娘。
爹娘深恩何以报，以报堂上二爹娘。

参城隍

城隍原是一县尊，太爷管阳神管阴。
县长靠神作正柱，奸人谁敢起歪心。
三年恩愿祈神佑，一炷信香对面焚。
城隍位来辅德尊，祈保人民寿百春。

参城隍娘娘

烧香人子进庙堂，焚香参拜城隍娘。

自幼本地来生长，天合不绝配城隍。
老爷发怒娘劝讲，善恶分明两周详。
人子焚香来参拜，还望笔下发慈良。

参门神

门神二将最有灵，人子入庙把香焚。
左门神来秦叔宝，右门尉迟老将军。
唐王封官为上将，玉帝钦差守家庭。
要去灵山朝佛圣，还望菩萨作证盟。

参龙王

龙王菩萨坐得高，拜香崇神把香烧。
九江八河神通晓，五湖四海把名标。
行善之家有善报，作恶难免祸不消。
人子虔诚来参拜，祈保回家寿年高。

参骑龙太子

骑龙太子大英豪，人子入庙把神朝。
头上戴顶英雄帽，身穿一件大红袍。
一个孩童手中抱，好比擎天柱一条。
人子焚香来参拜，祈保回家乐逍遥。

参妙庄王

烧香人子进庙堂，焚香参拜妙庄王。
菩萨修行神阻挡，火烧白雀甚凄凉。
五百尼僧遭冤枉，婆罗疮疾痛非常。
观音救苦法力广，舍了手眼救父王。
香山还愿不回往，全家普度上天堂。

参准提

信香来参准提尊，人子入庙把香熏。
当初洞府勤修炼，于今圣像布丹青。
西方奉圣为佛主，封神尊君作道人。
人子焚香来参拜，祈保清吉回家庭。

参达摩

烧香人子意虔诚，拜到达摩宝殿庭。
镇守西天佛法大，常来东土度凡民。
父母恩情深无比，祖师威严最有灵。
人子焚香来参拜，祈保清吉回家庭。

参燃灯

烧香人子意虔诚，拜到燃灯宝殿门。
混沌初开佛出世，原无天堂地狱门。
一无佛道并香火，哪有修行变道人。
如来只是成修炼，古佛只是现金身。
人子焚香来参拜，祈保清吉寿康宁。

参三圣牌

烧香人子进庙堂，参拜三圣众贤王。
光宗成昭排左右，裕昌王爷坐中央。
雕刻龙牌来供像，万古不朽镇庙堂。
人子焚香来参拜，祈保清吉福寿长。

参街坊土地

烧香人子意虔诚，参拜街坊土地神。
土地公公开颜笑，土地婆婆笑盈盈。

初一十五有人敬，刀头酒里有三牲。
一保街坊多清吉，二保客商赚金银。
大慧钱银烧与你，祈保清吉回家门。

参盂兰

烧香人子拜盂兰，双膝跪在神面前。
七月中元大会现，幽冥大赦放魂还。
观音菩萨有灵验，齐度男女结善缘。
人子烧香来拜献，祈保清吉福禄绵。

参王母

王母殿下来焚香，志心皈依拜神王。
久坐天宫把福享，威镇灵霄法力强。
干旱水灾从神降，善恶分明两周详。
人子焚香来参拜，祈保清吉福寿长。

参刘皇叔

烧香人子进庙堂，焚香参拜昭烈皇。
平生为人志气广，忠孝两全甚刚强。
常把江湖来问访，遇着关张是栋梁。
桃园结拜为兄长，乌牛白马祭天堂。
黄巾贼子成反党，杀他百万赴黄粱。
献帝族谱为叔长，贱称皇叔保朝堂。
从新他走是奸党，惹动天下众侯王。
泗水关前威风广，三战吕布逞豪强。
月下斩貂亲身往，董卓父儿把命丧。
徐州城内失兵将，弟兄分离甚凄凉。
马过檀溪遭冤枉，才显男儿当自强。

弟兄古城重相访，新野招兵又设堂。
徐庶荐引诸葛亮，神机妙算比人强。
果取西蜀把国掌，因此才当汉中王。
怒骂曹操是奸党，恼恨孙权逞豪强。
鼎足三分洪福享，位列天福把名扬。
在生勤把桃园想，殁后成神上天堂。
人子焚香来拜上，祈保清吉百年长。

参执钥仙官

执钥仙官最有灵，掌管功曹九重门。
前有灵官来作证，后有韦驮护法神。
奸盗邪魔不敢侵，忠孝节义准进行。
人子焚香来参拜，祈保人民永太平。

参眼光圣母

烧香人子进庙堂，焚香参拜眼光娘。
千手千眼童子王，文殊普贤点药方。
每日对天时常念，两眼明目现金光。
人子焚香来参拜，祈保清吉回家乡。

参广法真人

广法真人最有灵，人子入庙把香焚。
广大慈悲救众生，法力精通度良民。
真心修炼成了圣，人能体贴进云城。
人子焚香来参拜，祈保清吉享安宁。

二、长参

此本原为绵纸书写，较烂。由双桥茅店子张松柏提供。

参会首[①]（一）

香灯落地拜会翁，会首向善与人同。
我今烧香为父母，你为领袖多费功。
东家启香你要去，西家功果你圆融。
文书纸札你承办，佛号咒语你传通。
虔心斋戒先是你，引进为善乐无穷。
你的功劳谢不尽，铭心刻骨在心中。
唯愿佛祖保佑你，贵如赵孟富石崇。

参八仙

八洞神仙道法高，钟离祖师把扇摇。
洞宾揩剑青风绕，果老骑驴羽飞毛。
国舅手执云牙板，仙姑篮内现蟠桃。
彩和手提长生草，湘子云中吹玉箫。
拐李药瓶提得好，八洞神仙甚高超。
我等焚香参拜圣，保佑双亲福禄滔。

参文昌（二）

稽首参拜文昌君，身居桂院掌文衡。
一十七世行正道，宣扬教化号宏仁。
桂籍宫中为儒范，梓橦县内是出身。
唯愿帝君垂慈爱，保佑父母寿长春。

[①] 会首：旧时民间各种叫做"会"的组织的发起人或主持人。也叫会头。

参药王

药王大帝孙真人，医龙救虎有功勋。
唐朝敕封威名震，灵宝救命大夫尊。
八百八般药采就，四百四症息安宁。
妙药医散冤孽病，灵丹救济世间人。
龙医眼目离沧海，虎为牙疾出杏林。
起死回生如反掌，果然手到又生春。

参戏台（节选）

新修戏台不计年，起根原是鲁班仙。
唐王天子游月殿，带来戏本天下传。
武戏红脸与花脸，唱的楚汉为江山。
文戏书生和小旦，唱的夫妻想团圆。
世人莫当真情看，内有许多是诳言。
梨园弟子聪明汉，做出离合与悲欢。

参正殿观音

稽首朝拜紫竹林，拜到观音宝殿庭。
文殊普贤排左右，青狮白象脚下分。
要知菩萨圣寿日，二月十九子时生。
白雀寺中得了道，佛赐南海观世音。
头上戴顶弥陀佛，白莲池化是火坑。
净瓶甘露常洒扫，手执杨柳不计春。
五百罗汉皆普度，又度十二圆觉尊。
千变万化常救苦，救苦救难观世音。

参土地

土地老爷戴纱台，全凭功劳挣起来。

真君本是仙根体，才应世间坐法台。
神马骑起如风快，隔夜起回故土来。
母亲疑媳不正派，半夜何人把门开。
儿媳回言母等待，你儿今夜转回来。
神马又于母镜外，万里路程赶回来。
公衙全凭你担待，纱帽戴起坐法台。
真君一见心中爱，果然胸中有大才。
七品纱台赐与你，永镇乾坤消祸灾。

参城隍

一炷信香炉内燃，毕恭毕敬跪神前。
不必去寻南海岸，此处就是普陀山。
尊神威镇此一县，黎民赤子个个欢。
家家妻贤夫祸少，户户子孝父心宽。
黄道吉日去游转，逆子恶媳透胆寒。
官管妇婚田土案，冤枉之事你承担。
永远不出逆伦案，阴阳两管包青天。

参文殊

礼拜文殊一炷香，青狮座上喜洋洋。
自幼生在皇宫长，庄王国母二爹娘。
曾与父王把国掌，同受皇恩在朝堂。
三妹修行法力广，一人有庆福无疆。
香山顶上团圆会，一家大小上天堂。

参老君

初香三炷拜老君，八卦炉里起青云。
斗牛宫中身安稳，黄金宝扇手中存。

鸿钧一气传三教，老君一气化三清。
才把封神来议定，子牙背榜下昆仑。
摆了多少凶恶阵，杀了多少将和兵。
火枪阵来诸仙阵，三教施艺动刀兵。
又摆一个黄河阵，杀得天昏地不明。
其后又摆万仙阵，鸿钧下凡才说清。
天尊传教释迦佛，教主传教孔圣人。
只有老君来传教，执掌道教在佛门。
弟子今日来参拜，凶星退位吉星临。

参长生土地

烧香人子意虔诚，拜到长生土地神。
兴隆土地当中坐，内宫瑞庆老夫人。
招财童子招福禄，进宝郎君进金银。
我等焚香参拜你，保我双亲享遐龄。

参坛神

烧香人子意虔诚，拜到坛神宝殿门。
玄皇会上赵圣主，郭氏三郎统兵神。
罗公大法金花住，伍通明王养牲停。
五路猖兵排五路，三洞梅山孔中营。
太洪山上灵济主，雷公雷母风伯神。
前传后教老师父，历代宗师众圣人。
三清大道威名震，十级高僧道法灵。
镇守左坛真武将，护持右营龙树神。
金角将军银角圣，持符童子捧印神。
千千雄兵扎营寨，万万猛将护坛门。
牧牛童子放火郎，引兵土地押将神。

百艺仙师兰蛇将，金礤十二游师神。

金氏仙姐柳氏娘，花园姊妹众仙人。

我等焚香参拜圣，安安稳稳在家庭。

唱交割排场①

人到佛门正好修，光阴一去不回头。

莫说嘴甜去穿逗，总是孤雁把林投。

久闻山清并水秀，地贵人贤出公侯。

若还错唱休要咒，还望会长把趣凑。

文官爷们抬贵手，武将总讲要封侯。

七十二行天生就，街坊铺房客长头。

佛门之中好朋友，再拜三教和九流。

位台香友齐拜侯，来得冲闯礼不周。

老者听了增延寿，少者听了把心收。

小弟少礼来问候，弟兄相会古城楼。

参天灯

天灯位前拜天灯，天灯原敬天上神。

天神站在天井看，天井坝内立天灯。

添财添宝添富贵，添福添寿添人丁。

天神有灵天灯亮，天黑之时点天灯。

三、拜香请圣全册

此册绵纸书写，较烂。由双桥茅店子张松柏提供。书面存字：民国

---

① 交割排场：相当于介绍架香庙会相关场面，此指介绍者，引香。交割：四川方言词儿，解说、介绍。

二十六年丁丑岁九月上浣吉日立，张先有存留在心。

  伏以

  未曾请圣，解秽当先。解秽先官，到诸厌化为尘。唯吾奉敕令，净水乾元亨利贞。天地自然，秽气消散。洞中玄虚，晃朗太玄。八方威神，使我自然。灵宝符命，普告九天。乾罗答那，洞罡太玄，斩妖缚邪，杀鬼万千。终山神咒，元始玉文。敕诵一遍，却鬼延年。按行五岳，八海知闻。魔王束手，侍卫我轩。凶秽消散，道炁长存。急急如律令①。

  一滴能清净②，莲花五月开。祖师法水到，诸秽化尘埃。

  二滴能清净，菊花九月开。观音法水到，诸厌速消开。

  三滴能清净，梅花腊月开。弟子香水到，乾坤老幼大小男女尽消灾。

  一洒天门黄道开，二洒地府化尘埃，三洒人间诸厌秽，四洒北海化金莲，五洒中央释迦佛，六洒观音坐莲台。一炷信香请观音，有请观音降来临。愿赐杨柳甘露水，万般秽气化灰尘。

  弟子画符行事

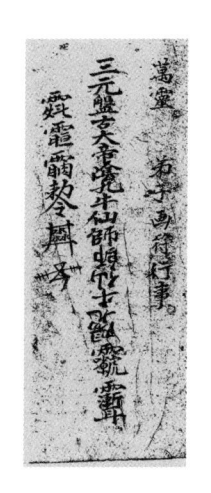

▲ 符

  伏以

  过香一遍，祖师勒便。过香二遍，本师敕便。过香三遍，三元宗师敕便。过香四遍，弟子亲身敕便。敕便神水，化变神水，阴巡阴便，阳巡阳便，不巡自便。弟子启香过后，七七四十九朝，鸡不

---

① 急急如律令：此句在道教法事中和画符中常用，意为天神颁敕，天神号令，需急急奉行，不得延误。

② 清净：佛教术语。离恶行之过失，离烦恼之垢染，云清净。

乱叫，狗不乱咬。祖师，在头正头，在尾正尾，莫悟弟子，莫悟来人。（圣卦）

普庵祖师大神通，日月星辰在掌中。不怕九良并山煞，一日说起便兴工。天是吾家天，地是吾家地。年不利，普庵利。月不利，普庵利。日不利，普庵利。时不利，普庵利。普庵神水落地，上上大吉，大吉大利。人胎六甲，忌在藏身大阵。猪胎六甲，忌在糠潲之中。牛胎六甲，忌在青草大坪。猫儿狗犬，鸡牲鹅鸭，忌在五谷之中。祖师赐我七十二道诀，弟子将来一手掐。天无忌，地无忌，年无忌，月无忌，日无忌，时无忌，百无禁忌。上上大吉，大吉大利。

下为家堂香用

伏以

神通浩浩，圣德昭彰。弟子有请，神降来临。一炷真香，二炷冥香，三炷宝香，上香三炷，恭焚真香。虔诚一心奉请，有礼无礼，先从祖起。祖家顶敬，儒释道三教香火。某氏门中，历代高曾远祖，左昭右穆①，老幼脉派先灵。再运真香，虔诚一心奉请，奉请祖籍随来，阴司法官、桃园宝山、三洞郎娘、千千兵马、万万神将。再运真香，虔诚一心奉请，奉请南海岸上，大慈大悲救苦救难灵感观世音菩萨。再运真香，虔诚一心奉请，奉请天地君亲师五位大圣神。再运真香，虔诚一心奉请文武夫子、关圣帝君、盖天古佛、伏魔大帝、文昌夫子、梓橦帝君、文武魁神。再运真香，虔诚一心奉请，奉请太上老君，炉头祖师、金火娘娘、八卦大神。再运真香，虔诚一心奉请，奉请三元三品三官大帝，上元一品赐福天官紫微大帝、中元二品救

---

① 左昭右穆：昭穆是我国古代的宗法制度，指宗庙、墓地或神主的辈次排列。古人在室内座次以东向为上，其次才是南向、北向和西向。故以始祖居中，东向；二世、四世、六世位于始祖的左方，朝南，称昭；三世、五世、七世位于右方，朝北，称穆。简而言之，昭穆就是宗庙、坟地和神主的左右位次，左为昭，右为穆，故亦称左昭右穆制。

危地官清虚大帝、下元三品解厄水官洞阴大帝。再运真香,虔诚一心奉请,奉请万天川主土主、药王三圣、求财有感四官财神、和合二仙福禄财神。再运真香,虔诚一心奉请,初一十五斋戒大神,初二十六牙祭仙官。再运真香,虔诚一心奉请,奉请逝多林中五丑大力牛王慈尊、牧牛童子水草善神、神农黄帝五谷大神。再运真香,虔诚一心奉请,奉请洪州得道鲁班仙师、墨斗大神、轩辕黄帝、九玄女、机仙上圣、织机圣母、濂溪夫子。再运真香,虔诚一心奉请,奉请太乙九天、东厨司命、灶王府君、玉池夫人、搬财童子、运水郎君。再运真香,虔诚一心奉请下坐长生、兴隆土地、内宫瑞庆夫人、招财童子、进宝郎君。再运真香,虔诚一心奉请,奉请左青龙、右白虎、前朱雀、后玄武,来山去水地脉龙神,乾坎艮震巽离坤兑,九宫八卦大神。再运真香,虔诚一心奉请,奉请土内甄皇大帝、紫英光德夫人、土公土母、土子土孙、土家一切眷属、土后夫人。再运真香,虔诚一心奉请,奉请东方青帝宅龙神君、南方赤帝宅龙神君、西方白帝宅龙神君、北方黑帝宅龙神君、中央黄帝宅龙神君。再运真香,虔诚一心奉请,奉请正一玄坛会上赵侯圣主、统兵郭氏三郎、罗公大法老师、五通明王大帝、五猖五路兵马、三洞梅三祖师、太洪山上灵济祖师、雷公电母、风伯雨师、前传后教历代宗师、三清大道、十极高僧、左坛真武将、右坛龙树王、金角将军、银角大将、持符童子、捧印仙官、千千雄兵、万万猛将、牧牛童子、放火郎君、引兵土地、押将仙师、蓝蛇大将、百艺仙师、金戬大将、十二游师、金氏仙姐、柳氏仙娘、花园姊妹、众位坛兵。再运真香,虔诚一心奉请,奉请左右二大门神,左门神秦叔宝、右门神胡将军。唐王敕封为上将,玉帝差你把财门。屋檐童子,虚空过往,纠察善神,天地水火,日月三光。弟子有请,神将来临。

下为庙上用

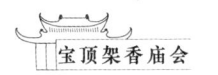

志心皈命礼

观音妙像南海岸，法身常在普陀岩。

左手执瓶甘露水，右手捧着杨柳枝。

头上顶戴弥陀佛，口中常念观世音。

朝念观世音，暮念观世音，念念诵心起，念佛不离心。

或在虚空云里现，下界魔鬼尽皈依。我焚香皈命礼。

南无大慈大悲救苦救难观世音菩萨摩诃萨（三称）。

解秽咒

天地自然，秽气消散。洞中玄虚，晃朗太玄。

八方威神，使我自然。灵宝符命，普告九天。

乾罗答那，洞罡太玄。斩妖缚邪，杀鬼万千。

终山神咒，元始玉文。持诵一遍，却鬼延年。

按行五岳，八海知闻。魔王束手，侍卫我轩。

凶秽消散，道气长存。急急如律令。

志心皈命礼

本师释迦牟尼尊，显圣得道在雷音。

手执如意佛法大，龙华会上报亲恩。

南无本师释迦牟尼尊天佛菩萨。

韦驮菩萨大神圣，三洲感应你为尊。

脚踏龙头金身现，手执降魔显威灵。

南无三洲感应护法韦驮尊者佛菩萨。

目连和尚去寻娘，手执锡杖响当当。

将娘送往西天去，世代留名万古扬。

南无大孝目连尊者佛菩萨。

幽冥教主地藏王，手执明珠放毫光。

四月初八常救苦，地狱救母上天堂。

南无本尊幽冥教主地藏王菩萨。

有灵有感观世音，寻声救苦是慈仁。

白雀寺内成正觉，紫竹林内显威灵。

南无大慈大悲救苦救难灵感观世音菩萨。

东方阿閦佛，南方宝生佛，西方弥陀佛，北方成就佛，中央释迦佛，观世音大佛，文殊普贤佛，毗卢答那佛，恒河沙数佛，无量功德佛，上方上佛，下方下佛，三十五佛，五十三佛，七十七佛，千千遇贤圣，万万遇诸佛，净上空，遍法界，十方三世一切佛，诸尊位菩萨摩诃萨。

寄香佛偈

烧香人子要诚心，有请诸佛降来临。

一分钱财凭火化，寄香礼拜一时辰。

启香容易寄香难，我香插在佛面前。

香烟渺渺齐拥护，寄香一时又朝山。

佛在西天坐金銮，天色已晚圣驾安。

我今礼拜如来佛，佑我双亲寿如山。

佛在西天坐莲花，观音菩萨是佛家。

我是佛家亲弟子，请佛上坐我归家。

志心皈命礼

南无开教本师释迦牟尼尊者佛菩萨。

三洲感应护法韦驮尊者佛菩萨。

南无大孝目连尊者佛菩萨。

山西五台山金色界文殊师利佛菩萨。

西蜀峨眉山银色界普贤王佛菩萨。

南海岸普陀山琉璃界大悲大愿观世音菩萨。

南京九华山幽冥界本尊地藏王菩萨。

清凉山玛瑙界大势至菩萨。

净虚空遍法界十方三世一切佛诸尊位菩萨。

一去二三里①，年朝已毕久而矣。

烟村四五家，双手挽起那法帕。

楼台六七座，点起明灯念弥陀。

八九十枝花，忙把香筒来放下。

君是君，臣是臣，道友寄香莫散心。

一日计，在于勤，报答父母恩义情。

居处恭，执事敬，大家都来为双亲。

先诚意，有心来，忙把香帛早安排。

近者悦，远者来，我等焚香礼佛来。

日临照，日临台，观音正坐普陀岩。

老者安，少者宁，佛祖正坐宝莲台。

唯菩萨，保众孩，大家父母永不埋。

歇了气，莫挨台，慢点点香大家来。

四、参神记

宝顶镇龙建泽2002年观音生日时提供。

参正殿

稽首朝拜紫竹林，来到观音宝殿门。

文殊普贤排左右，青狮白象脚下分。

要知菩萨圣诞日，二月十九子时生。

白雀寺中得了道，佛敕南海观世音。

---

① 一去二三里：宋代邵康节《一去二三里》诗："一去二三里，烟村四五家。亭台六七座，八九十枝花。"

头上戴顶弥勒佛，白莲池化是火坑。
净瓶甘露常洒扫，手执杨柳不计春。
五百罗汉皆普度，又度十二圆觉尊。
千变万化常救苦，救苦救难观世音。
一品莲花一品开，修起莲花等佛来。
心即佛来佛即心，莲台脚下拜观音。
或在天边云里现，或在江边度众生。
或在凡间救病苦，或降香坛作证盟。
志心皈命来忏临，我为双亲报大恩。
许下愿心三年整，菩萨座前了愿心。
一炷信香炉内插，供养满堂仙菩萨。
不是烧香求富贵，诚心斋戒为爹妈。
……
望乞菩萨乖奉念，火坑化着白莲花。
杀生难报父母恩，发心斋戒坐血盆。
生我一生无报答，披头赤子把香焚。
愿我父母增福寿，九玄七祖[①]早超升。
有父有母最荣根，辛辛苦苦拜观音。

忏拜

稽首朝拜观世音，千变万化显威灵。
只为父母身染病，割去手眼救父亲。
菩萨感应来相救，一家普度上天庭。
仙救千眼千只手，救苦救难观世音。

---

① 九玄七祖：九玄：子、孙、曾、玄、来、昆、仍、云、耳。即自己家族中往下子孙称呼。七祖：父、祖、曾、高、太、玄、显。即自己家族中往上祖辈称呼。

歇香

三捶锣鼓一齐响，要在此处歇下香。
礼恭毕敬诚心念，炉子稳放地平场。
头上系帕双手绾，香筒又放炉子旁。
常把炉中香来望，不要懒散谈家常。
即刻又要把香启，时常经佑炉中香。
懒了心念神不享，枉自灵山走一场。
鞠躬作揖请立站，歇香暂时慢商量。

参三官

参拜三官大帝神，度尽天下普众生。
上元一品赐福禄，中元宥罪免灾星。
人生忠孝为善本，下元解厄不非经。
用尽奸计天不肯，三曹对案见好人。
天网恢恢明如镜，寸寸步步有神灵。
三官执掌三曹令，善恶不差半毫分。
我今虔诚来拜敬，天官地官水官神。

参南华宫①

烧香人子意虔诚，南华宫里把香焚。
南华老祖宫中坐，香烟渺渺透青云。
真容台上永不动，不享多仪享至诚。
我今焚香来参拜，还望老祖显威灵。

参祖师殿

祖师殿前把香焚，真武祖师降来临。

---

① 南华宫：巴蜀地区明末至清代广东移民修建的会馆——广东会馆，名南华宫，供奉六祖神位。

披发拂剑当中坐，永受香烟万古名。
龟蛇二将齐收伏，神通广大显威灵。
特修金身来顶敬，普天同庆享太平。

十报

一报天地覆载恩，天高十万有余零。地震河海而不泄，天地合德养万民。
人有善恶天有眼，举头三尺有神灵。善念感动天和地，皇天不昧善心人。
二报日月照临恩，照见山河社稷明。世间无日无昼夜，无有日月无收成。
太阳冬月十五生，太阴三月十五辰。焚香报答点明灯，福自天中祸无门。
三报国王水土恩，唯愿国王长长春。皇图巩固天地厚，地道荣昌日月明。
九州万国招宝进，干戈永息无刀兵。年年风调并雨顺，五谷丰登乐太平。
四报父母养育恩，生我劬劳甚艰辛。上等之人孝父母，礼恭毕敬把孝行。
人子斋戒报父母，披头赤足把香焚。下等之人不孝敬，枉费爹娘一片心。
五报祖师传法经，朝山进香了愿心。前朝祖师释迦佛，后代传言目连尊。
锡杖震破铁围城，血河池内救娘亲。自从本师恩德厚，万古流传到如今。
六报祖宗老亡魂，堂前默佑你儿孙。在生为人死为神，我在阳来你在阴。
我今要往灵山去，要到灵山朝世尊。在堂父母增福寿，祖先亡魂早超升。
七报一切众神灵，空中星斗照乾坤。行善之人添福寿，善恶昭彰甚分明。
伏望慈悲把香降，蒙恩默佑保千春。祈保父母星辰顺，千灾万病永不生。
八报释迦牟尼佛，雪山修行受苦辛。虔心悟道功成满，佛为西天大圣人。
极乐逍遥掌教主，皇恩大救有罪人。唯愿双亲延年寿，无灾无难过光阴。
九报东岳黄飞虎①，东岳天齐大圣人。未曾注生先注死，幽冥地界掌权衡。
五岳圣帝神通广，铜板高上注姓名。保佑凡民生福寿，普天人民尽沾恩。
十报阎罗十殿君，赫赫威灵众尊神。执掌幽冥管世界，犹如明镜照乾坤。
善恶簿上无私屈，生死二字定分明。伏望姑请把罪赦，阿弥陀佛念千声。

---

① 东岳黄飞虎：明代神仙小说《封神演义》中的五岳之首的神乃是东岳泰山天齐仁圣大帝黄飞虎。后在民间信仰和道教信仰中流传。

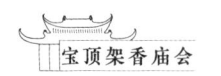

劝君修行

佛祖常叹世间人，光积银钱不修行。有些积钱心肠狠，尽是大利盘剥人。
有些积钱把人整，瞒天昧地去害人。有些积钱用大秤，二十两来算天平。
有些积钱凶得很，利钱每月三十文。阳间凶恶人怕你，阴间阎王甚分明。
有朝一日现报应，不打官司便死人。或遭天干并水打，不是房子被火焚。
不是死儿便死女，或是瞎眼受孤贫。忠厚之人守本分，一辈相传一辈人。
劝君早学修行路，那是龙华会上人。

参驾

初香一炷炉内燃，躬身下拜妙庄王。
只因错焚白雀寺，五百僧尼命身亡。
冤魂会集把仇报，夜送五百阿罗疮。
慈悲系悬把脉动，献出手眼救国王。
病体痊愈方知晓，才知公主妙善娘。
左臣右相排队伍，王驾亲身去烧香。
今日会首顶敬你，敬你如敬妙庄王。

五、对佛偈

宝顶镇龙值彬 2002 年观音生日时提供。

接道友

道友念佛好声音，念得明来念得清。
念佛赛过成都省①，赛过南京与北京。
四川都算你赛过，陪搭不过道友们。

---

① 成都省：四川省。旧时民间偶尔有此说法。

回答

一少情来二少礼，少情少礼要原情。
闻听道友在请佛，我在一旁当学徒。
心想佛歌来接住，心中无才念不出。
爹妈生我又粗鲁，未在学校把书读。
道友才学装满肚，一身温良赛江湖。
我今念佛不巴谱，东拉西扯也念出。
难比道友好威武，膝下带些众门徒。
念佛切莫把我数，还数道友念得熟。

接道友

道友念佛声音大，句句念得有礼法。
声音念起多幽雅，人又聪明谁不夸。
心中才学盖天下，满腹文章赛子牙。
嘴又灵巧会说话，带习①都来拜菩萨。
姊妹今日同堆耍，前世栽了园内花。
女转男身乌纱戴，二世投胎官宦家。

回答

一见道友笑呵呵，第一念念阿弥陀。
论你才学赛王佑，赛过当年苏东坡。
念的佛歌本不错，人人听了记心窝。
一堂都遭你赛过，赛过当年蓝采和。
这样姊妹到还可，满堂道友都在说。
另外佛歌请一个，每人一个躲不脱。
倘若念出十几个，佛偈念出多快乐。

---

① 带习：方言词，大家也。

接道友

一进门来亮堂堂，壁上清单挂两旁。
红书木鱼摆桌上，琉璃宝灯放毫光。
上面坐的观音像，中间烧的紫檀香。
众位道友才学广，一个更比一个强。
我们才来拜师长，怎敢出言乱开腔。
想起我们无胆量，又怕腔调有些黄。

回答

你在念来我在听，句句念的是古文。
不知道友你贵姓，家住何方哪里人。
随常见你多恭敬，轻言细语不高声。
说话慈良又柔顺，看你都是修行人。
心中有才莫藏隐，多请几个化人心。

接道友

栀子开花层层白，远来道友未迎接。
早知道友金驾动，三里铺毡五里接。
三里路上接道友，五里路上请陪客。

回答

桐子开花遍山白，承得道友把我接。
接在佛殿安我坐，茶又香来水又热。
贤兄安坐苦修炼，安安稳坐九霄云。

接道友

一见道友多至诚，贵君何方哪里人。
何年曾把佛堂进，缺少见识未远迎。
我观道友好孝信，又见道友好才能。
富贵就从佛堂进，荣华富贵万万春。

敬神之人神保佑，保佑清吉转家庭。
回答
豌豆开花角对角，高明道友好才学。
唯有我们见识少，初进佛门望指学。
曾得金言夸奖我，口迟言钝奈不何。
前生未曾修因果，今世念佛算才学。

接道友

好久未见道友面，接待道友喜心怀。
昨夜南柯做得怪，红光朵朵到家来。
果然道友来得快，正是天仙下凡来。
说好说歹莫见怪，小弟无福是蠢才。
回答
东方起了一朵云，西方青云亮锃锃。
我在灵山抬头看，得见道友进山门。
你是佛堂请弟子，我是修行朝世尊。

接道友

太阳出来喜洋洋，远来道友走忙忙。
道友接在佛堂坐，茶不热来水又凉。
同是修行亲姊妹，下山何必叹短长。
道友请佛笑悠悠，龙头拐杖手中藏。
你是佛门清弟子，后来功满坐佛堂。
回答
菱角开花瓣瓣尖，白青荷花水内鲜。
真是龙华会上客，说说笑笑过一天。

接道友

说起请佛我喜欢，德行颜渊闵子骞。
甘罗十二为丞相，子牙背榜下仙山。
你我道友初相会，说说笑笑过一天。

回答

说起请佛就请佛，请个圣人把关出。
过五关来斩六将，孔明三顾出茅庐。
三霄摆下黄河阵，陆逊又困八阵图。
你我今天初相会，请其名人又何如。
请佛必须要依古，方才不愧都拜佛。
前朝后汉无其数，个个都要上得书。
赵五娘来曾受苦，剪发行孝为儿夫。
赵银棠来曾受苦，四下河南滴血珠。
孟姜女来曾受苦，哭断长城为丈夫。
为人受得苦中苦，才算男儿大丈夫。

接道友

说起请佛我喜欢，仁贵大破头一关。
丁山出世曾受苦，梨花山前掌兵权。
寒窗受苦吕蒙正，时来皇榜中状元。
万事都由天注定，不可暗地用机关。
你我道友初相见，何必又来把道盘。
任你唱个百十殿，请其明天又何难。

回答

第一请佛要好听，第二要把古人云。
仙姑下凡配董永，十二圆觉刘素贞。
鸿钧一道传三友，老君一气化三清。
三霄摆下黄河阵，子牙大道显法能。

你我初会在此境，大家都是有缘人。

问

天上大星对小星，地下南京对北京。
月亮对着杪椤树，九龙捧圣对当今。
嫦娥对着张果老，南极仙翁对寿星。
观音对着南海岸，如意对着聚宝瓶。
你我相会在此地，同到灵山拜世尊。

回答

你不请佛我又来，山伯寻访祝英台。
山伯只为英台死，赵巧只为送灯台。
今日道友初相会，一个两个请起来。

问

人生在世一台戏，三十河东四十西。
任你为官做皇帝，百岁难免不死期。
到头只占一穴地，肉化清风骨化泥。
不如学个脱身计，早在灵山学皈依。
释迦修行从孝起，韩湘修行度过妻。
修个金刚不坏体，逍遥快乐登菩提。

回答

佛祖有只度人船，不度无缘度有缘。
头船度的唐天子，二船度的李翠兰。
三船度的傅员外，四船度的小目连。
五船度的刘素贞，六船度的白牡丹。
七船度的王氏女，八船度的拐李仙。
九船十船无人度，留在河下结善缘。

接香

西方一朵白云开,才回列台①会首来。
龙行一步把恩带,犹如枯木逢春开。
承蒙汉裘把我拜,未修迎书要宽怀。
人小面窄莫见怪,菩萨自然慧眼开。

谢红

一见善人喜心中,承蒙仁兄制令红。
善人制红恩德重,但将制红表根由。
天宫才把五色现,凡间才有这样红。
玄女娘娘把线纺,机仙织布费功劳。
梅舅才把颜色造,三江之内出红袍。
红绿蓝青造得好,天科状元下天朝。
节年邪魔多阴险,叩祖造袍把神敬。
万般恩德报不尽,带我灵山把香焚。
但愿佛祖威灵显,加倍善人享荣华。

问春夏秋冬

且将一言问善人,又将天地问分明。
天昏地黑生什么,哪个当初制天明。
哪个当初制风雨,哪个当初制山林。
哪个当初制天黑,哪个当初制地明。
哪个当初制日月,哪个当初制时辰。
东西南北何人制,四十八节某先生。
二十四气何人制,春夏秋冬何人兴。
哪个当初制年月,何人又来定时刻。

---

① 列台:诸位兄台。台:敬辞。用于称呼对方或跟对方有关的行为。

哪个当初制甲子，何人又来分五行。
从头一二说与我，才是引香老善人。
　　　　回答
天昏地黑生盘古，伏羲姊妹制人伦。
东海龙王制风雨，玉皇大帝制山林。
张龙王来制天黑，李龙王来制地明。
太上老君制日月，楼景先师定时辰。
东南西北轩辕制，春夏秋冬方子伦。
二十四气汉高祖，四十八节陈先生。
杨八先生制年月，铜壶罗盘定时刻。
伏羲当初制甲子，金木水火分五行。
我今一二说与你，要往灵山把香焚。

问天有好高

我将一言问善人，且将天地问根生。
天隔地来几多高，地原又有几多分。
南到北来几多里，东到西来几多零。
你今从头说与我，才是引香老善人。
　　　　回答
八十一里天之高，地之原与天高零。
南北二亿有三万，三千五百有余零。
二十五步才到北，东南西北四十分。
我今一二说分明，要往灵山见世尊。

问天上好多星

且将一言问善人，天上星斗问根生。
天利地来几多星，地下行的几多人。
几多男子是丈夫，几多女子不吃荤。

南斗六星哪家子，北斗七星哪家人。
雷公又有几弟兄，又有几个最灵人。
几个雷公通天下，几个雷公驾祥云。
几个医生能下药，几个端公能送神。
火闪娘娘哪家子，何人差她一路行。
从头一二说与我，才是烧香第一人。
　　回答
佛号一声又一声，各位道友听原因。
太白数得天上星，宝王数得地下人。
只有男子是丈夫，只有拜佛不吃荤。
南斗六星天下子，北斗七星地下人。
天上雷公五百个，手戟雷神重千斤。
只有明医能下药，只有端公能送神。
闪电娘娘谢家子，玉皇差她下凡行。
我今一二说明了，要往灵山把香焚。

会香偈

我今烧香去得慌，居士烧香来得忙。
你我相逢在路上，与你圣驾上炷香。
你往哪山把香降，要到何山拜佛堂。
且把来由对我讲，你我同去拜法王。
　　回答
烧香人遇拜香来，口口声声佛满怀。
接引香来还你拜，我香焚你佛宝台。
我今要某某某去，去在灵山拜如来。
唯愿我佛施恩典，早些得佛转回来。

对香

你拜佛来我朝山，各有圣驾做主张。
我香朝贺你圣驾，你又朝拜我架香。
诸佛菩萨德泽广，祈保年谷满仓箱。
万民沾你福无量，愿你子孙做高官。

还香

你进香来我拜香，诸佛慈悲也喜欢。
你我相逢中途上，无有敬奉要量宽。
哀祈菩萨相保佑，善人福寿比南山。
烧香礼佛功圆满，足踏莲花朵朵香。

分香

你拜庙内我朝山，手捧真香传上苍。
莫争强来莫论讲，同到灵山好烧香。
你也忙来我也忙，何将佛偈道短长。
佛语千看不会讲，好去灵山礼法王。

上香

接你香来接你香，你香插在我灯上。
我为父母来忏悔，你为双亲来烧香。
报答功劳养育恩，有父有母早发心。
不为自己生死路，特为爷娘朝世尊。
多得善人把香上，保你父母寿长春。

还香

接你香来还你香，接你龙香还凤香。
龙香出在希腊国，凤香出在终南山。

井水不打不满砚，不买香烧不剩钱。
莫说烧香无感应，目连救母往西天。
我香插在你灯上，保佑父母寿南山。

谢茶

吃你茶来谢你茶，阳雀开口茶发芽。
茶是青山灵芝草，水是龙王肚内花。
碗是金杯琉璃盏，盘子摆起现莲花。

谢烟

白铜烟袋三两三，三钱银子买烟杆。
老的吃了添福寿，少的吃了多新鲜。
吃了烟来烟子黄，三国有个赵五娘。
手拿青丝长街卖，罗裙兜土垒坟台。
吃了烟来烟子青，好似纱院去搬兵。
头回搬到杨宗保，二回搬到穆桂英。
长坂坡前打一仗，万里江山得太平。
吃了烟来烟子黄，譬如刘秀走南阳。
姚期马武双救驾，二十八宿闹昆阳。
吃了烟来烟子青，好比秦桧害岳飞。
害了岳飞三父子，日后报仇有岳雷。

戏台（节选）

戏楼修得甚光华，上画英雄下雕花。
无事再不把锣打，唱戏才是敬菩萨。
火炮响声如雷打，会首神前点香蜡。
火炮爆得噼里啪，台上又在吹唢呐。
四路川流不断线，好似蚂蚁在搬家。

台前挤得叽叽喳,不分男女闹喧哗。
上等之人听字话,中等之人看交答。
下等之人不会看,痴痴呆呆装哑巴。
男子看戏贪玩耍,还有一等妇人家。
听见哪里把戏唱,要去烧香敬菩萨。……

十朵莲花

一朵莲花嫩悠悠,姊妹双双把行修。大姐修行进佛堂,二姐修行懒绾头。
三姐修行为正道,四姐修行面薄薄。姊妹修行慢慢走,等得布来留姊妹。
祖宗幽冥常保佑,堂上双亲永无忧。二朵莲花儿中提,同元交天好修行。
家中丢下儿和女,朝日奔波淘尽力。想起家中真怄气,不管闲事得清吉。
三朵莲花叶又黄,公婆修行在佛堂。人人说我享福早,粗茶淡饭日中尝。
不管家中老和少,不管田地与房廊。一心修行立正道,中元果老付蟠桃。
四朵莲花朝灵山,八十公公把佛参。家中女儿无人管,田地房屋未完全。
何不劝人终行善,日落西山又枉然。五朵莲花朝上天,夫妻无儿跪神前。
今年也有四十满,膝下丈夫无小男。莫是生前有个犯,今生无不同子全。
还坐神圣思恩典,早降麒麟下凡间。六朵莲花朝地土,年老无子莫得祥。
前无杀手将身靠,后无救兵怎开交。好似山中一古庙,谁人过来把香烧。
七朵莲花白如银,奉劝道友好修行。也有节操保性命,红罗绸缎不沾身。
还望菩萨来指引,白莲台下转男身。八朵莲花不相生,小媳出来好修行。
遇着公婆性情重,不知公婆什么心。一天打了五六道,受刑不过就出门。
九朵莲花下平川,遂宁拦坝堤平川。观音坐在双佛殿,慈悲坐中普陀山。
朝贺年年过千万,年年朝到三月三。十朵莲花顶上开,奉劝世人吃长斋。
人人说我吃斋好,诸佛菩萨两边排。忠诚节义登仙界,平素先师坐莲台。

六、国运佛偈子

我县在文物普查中，赵甫华先生在一尊佛像内发现一本 64 开的手抄佛偈子，内分《国运佛偈子》《大山迎香佛偈子》等。《国运佛偈子》主要内容是宣传抗日的，见本书第四章第三节的"激励抗日爱国情怀"。

大山迎香佛偈子

客位

其一

一进门来目观瞬，忙把初香炉内焚。
会翁迎接承久等，等候人子到来临。
人子生来性不敏，未向尼山崇圣门。
实在荒唐少礼信，站在高山赦在平。

其二

粗香一炷炉内插，香在炉中起烟霞。
今日来在某某下，报答亲恩朝菩萨。
一见会翁来接驾，恭恭敬敬甚礼法。
双膝跪在尘埃下，一炷信香手内拿。
高台请起回銮驾，人子沾感乐无涯。

其三

香烟渺渺炉内燃，列列会翁听我言。
迎接我们情义远，胜过三国结桃园。
人子未曾拿礼见，冒撞龙颜多海涵。
菩萨保你无别件，花甲重添寿百年。

其四

人子报答养育恩，来在某某把香焚。
一见会翁好礼信，手拿书信来欢迎。
一封书信忙下定，下与我们引香人。

口吹仙风目观论，字字行行写得明。
内写会翁名和姓，外面贴金又上银。
一时书中难观尽，受之有愧来收存。

其五

日当午景在天心，列列会翁有请申。
周公制礼分宾主，前人传下到而今。
人子实在少礼信，来在某某报亲恩。
你下迎书来欢请，我备草字等你们。
草字潦草不恭敬，不比会翁有才能。
望祈笑纳莫谦逊，站在高山赦在平。

其六

祥光霭霭紫气腾，来至宝山把香焚。
一见会翁好礼信，双膝跪在地埃尘。
手捧金灯来尊敬，尊敬我们为大宾。
人子生来大愚蠢，冒撞会翁莫认真。
但愿神圣有感应，保佑会翁享遐龄。

其一

说有缘来到有缘，会讲会念莫断言。
香弟开言莫别件，列位护法听详端。
论理说来莫论谈，香弟告罪告在先。
不论高官分贵贱，不论庶民皆一般。
你们到此为哪件，把你来由说详端。
不辞山遥并路远，不怕用了银子钱。
香弟言语道浅谈，说得不是要谅原。
父母恩深如海岸，无有报答一二三。
发心叩许还香愿，人有诚心神也安。
紧闭贤言早见播，恶言休得记心间。
若到此间论长短，枉自你在佛门钻。

211

略提几句要高见，道友你看端不端。

其二

人子到此把香烧，有闻香友把文抛。

某某才学算得妙，满腹诗书比人高。

人又聪明很理道，斯斯文文把儒朝。

看来还是佛根好，前人助功有功劳。

有辈古人兄可晓，说出一二记心朝。

王祥卧冰鲤鱼跳①，孟宗哭竹②俸年高。

寿昌起被③把亲表，大舜历山不辞劳④。

这些古人难尽表，万古留传把名标。

又其一

善人念佛好诚心，劝人行善报亲恩。

今晚佛堂很恭敬，五伦八德⑤分得清。

日行孝悌与忠信，礼义廉耻常记心。

善人出言多谨慎，行往路来随口吟。

---

① 王祥卧冰鲤鱼跳：出自干宝《搜神记》。王祥卧冰求鱼被后世奉为孝道的经典故事，王祥（185—269年），字休征，琅琊临沂人。东汉末年隐居20年，仕晋官至太尉、太保。父母有疾，衣不解带。母常欲生鱼，时天寒冰冻，祥解衣，将剖冰求之。冰忽自解，双鲤跃出，持之而归。母又思黄雀炙，复有黄雀数十入其幕，复以供母。乡里惊叹，以为孝感所致焉。

② 孟宗哭竹：孟宗年幼丧父，母亲年老病重，医生嘱用鲜竹笋做汤。适值严冬，没有鲜笋，无计可施，孟宗扶竹哭泣。少顷，忽然地裂出笋。孟宗采回做汤，母亲果然病愈。孟宗，三国时江夏人，后来他官至大司空。

③ 寿昌起被：宋代孝子朱寿昌，字康叔，"其父朱巽是宋仁宗年间的工部侍郎，寿昌庶出，母刘氏是朱巽之妾。朱寿昌幼时，刘氏被朱巽遗弃，寿昌荫袭父亲功名，先后做过岳州知州、阆州知州等。他四方打听母亲下落，宋熙宁初年，得知信息，便辞官寻母，寿昌终于在同州找到生母，已七十有余。原来，刘氏改嫁党氏，又有子女数人，寿昌视之如亲弟妹，全部接回家中供养。京兆守官钱明逸将此事上奏宋神宗，皇帝恢复其官职。

④ 大舜历山不辞劳："舜耕历山，历山之人皆让畔；渔雷泽，雷泽上人皆让居；陶河滨，河滨器皆不苦窳"。只要是他劳作的地方，便兴起礼让的风尚。他到了哪里，人们都愿意追随，因而"一年而所居成聚，二年成邑，三年成都"。后来舜继尧之位成为上古五帝之一。

⑤ 五伦八德：五伦是指父子、兄弟、夫妇、君臣、朋友，包括父子有亲、长幼有序、夫妇有别、君臣有义、朋友有信；八德是指孝、悌、忠、信、礼、义、廉、耻。这是人伦之道，这是人应当具备的基本道德。

谁个不讲善人很，谁个不夸你聪明。
女子能有千般很，看破红尘来修行。

其二

善人念佛在抛文，念个公输子巧人，
规矩方圆念得好，有朋自远去传名。
我非生而知之者，学而知之初入门。
中庸天命之谓性，大学之道在清明。
孔子五十知天命，道不远人而远人。
颜曾思孟为贤圣，一片真心把香焚。
子与人来善与人，譬如四时之错行。
两年读本百家姓，先生说我好才能。
上字认成磨担样，下字认成刮斗形。
看见石头当作宝，看见白马当作银。
眼睛无珠不识认，出言就是别字文。
今日朝山把香敬，念个佛偈笑坏人。
东拉西扯乱在奔，莫得哪句沾点文。
不对之处祈让忍，站在高山赦在平。

参县长

人子大堂参县长，鞠躬顶礼跪平阳。
县长本是一主宰，掌管合县各黎民。
上与国家立纲领，下与庶民解忧纷。
清如水来明如镜，兼管武来又管文。
以此到任接了印，合县人民尽沾恩。
说是憎恶合善政，士农工商乐升平。
县长恩德实难尽，要到前殿把香焚。
但愿神圣多灵应，县长指日就高升。

参营长

烧香人子进营门，一见营长喜盈盈。
众家道友多恭敬，双膝跪在地埃尘。
营长行兵威风凛，志气昂昂好惊人。
才高胜过周公瑾，计谋好比诸孔明。
自从此间营扎定，毫不担忧众国民。
贼匪闻风不入境，合境人民普沾恩。
人子冒撞少礼信，承蒙见爱赐红绫。
但愿神圣有感应，子孙世代坐龙庭。

参经堂，大居士、二居士

烧香人子到经堂，参拜居士听端详。
身居女流是坤顺①，除酒戒荤礼法王。
日每三宝怀中望，子午卯酉炼纯阳。
人子今日实冒撞，蒲毡接彩费心肠。
承赐花红来挂上，欢迎实在不敢当。
但愿请佛宏恩广，女转男身状元郎。

其一

不必讲礼不必谦，引香之人听详端。
有才自必来推换，无才枉然去求官。
此处就是桃源洞，还在何处问神仙。
念在小弟见识浅，少来问候量多宽。
有请居士走前面，小弟随后把神参。

其二

号钹鱼子把声收，我今言话听根由。
各位举我当香首，不敢承当来应酬。

---

① 坤顺：称妇女温柔顺从。

初入佛门少问候，一切礼仪未曾周。
讲到念佛不能够，还望道友把趣凑。
菩萨保佑无灾难，福如东海寿千秋。

其三

号锣鱼子响沉沉，惊动各位道友们。
各位道友齐雅静，休谈闲言空事情。
既来朝山须端正，要依法则守佛门。
我把香规讲你听，遵守规戒佛自灵。
第一启香心要正，切莫诳狂笑盈盈。
第二灯笼有规定，后面照住前面行。
第三人子要恭敬，洗手焚香方对神。
第四号锣莫迟钝，锣打当心响沉沉。
第五鱼子似佛韵，声音调韵精气神。
第六念佛莫争论，总要字句吐得明。
第七烧香把庙进，穿花过巷莫乱行。
第八当要参神圣，礼恭毕敬跪埃尘。
第九香完有规定，乾坤二道进疏文。
第十忏香要齐整，一人不可卦不明。
我把十条讲你听，道规守戒莫乱行。
各位道友谨记定，人有诚心神有灵。
良言一时表不尽，再望道友谨记心。

忏香祝道友（节选）

其一

耳听号锣还在打，佛号一声好喜煞。
今日多劳各位驾，大家都是朝菩萨。
这回办得有些高，闹闹热热人争夸。
人人佛偈多优雅，个个神前很礼法。

日来诸佛不为啥，祈保各位二爹妈。
保你老者寿年大，保你少者少哩啦。
保你男者灾星化，保你女者少语杂。
保你耕者谷多打，保你读者登科甲。
保你生意多遂雅，保你手艺重千家。
忏香已毕回家下，二回又请朝菩萨。

其二

今日忏香已煞搁，列位道友听我说。
灵山佛神齐参过，又是一串念弥陀。
看看分身不久坐，辞别道友各走各。
忏书上面才说过，道友劳劳谨记着。
道友回家莫懒惰，孝顺父母与公婆。
兄宽弟让言莫错，同娘姊妹要孝和。
常把佛偈记心上，佛在西天笑哈哈。
多行善事结因果，功圆飞身上天乐。

参

一炷尊香炉内焚，参拜诸佛与诸神。
满殿神圣无其数，人子不敢把名录。
心想录名表表数，怎奈时辰甚短促。
众人烧香为父母，赦罪消愆赐百福。
宗亲脱却轮回苦，在堂父母天涯屋。
但愿菩萨垂次古，堂上多享寿百福。
火化钱财鞠躬苦，躬身一礼把殿出。

参千手

稽首朝拜观世音，千变万化显威灵。
只为父亲身染病，割去手眼救父亲。

菩萨孝感来救应，一家普度上天庭。
佛赐千眼千只手，救苦救难观世音。

参灶王

一炷信香炉内焚，参拜司命灶王神。
灶王神来灶王神，庚申甲子上天庭。
善事奏与天堂去，恶事深埋地府门。
上奏灵霄宝殿堂，祈保父母寿延长。

参门神

参拜门神大将军，左右门神显威灵。
自从看守午朝门，唐王勅封到如今。
家家有你金容像，铁面无私不徇情。
只许人客行来往，不许邪魔到家庭。

参老师

一炷真香炉内焚，弟子迷跪在埃尘。
多蒙真师把道引，朝夕提携费尽心。
常言未从绳则正，人有真师愚则明。
水有源头木有本，受了恩师不忘情。
这本簿子不非轻，会首丁未化功勋。
那日佛领一本堂，朝朝日日忧在心。
走了几多青枫岭，过了几多滥泥坑。
今把善家财门进，院坝青狮闹沉沉。
闻听菩萨把善性，肯出功果敬先生。
公公婆婆出功勋，保你白发又转青。
……
善家少爷出功勋，保你入学得头名。

一木难支望帮衬，扯人大巾盖小巾。
保你人发财也兴，菩萨自然有灵应。

参玉皇

玉皇坐在灵霄殿，二十八宿排两边。
善恶尽要你判断，依律定罪下凡间。
或是天灾与水旱，都是凡人自造愆。
唯愿人人齐向善，大家同享太平年。

七、团佛科仪

由智凤镇李光英（法名李积福）2001年9月提供。

开坛请圣

伏以

神通浩浩，圣德昭彰，弟子奉请，速降来临。

恭焚真香，虔诚奉请，弟子叩请，天地君亲师，佛法僧三宝，一佛二佛，当来下生阿弥陀佛。

上三教，释迦佛，孔夫子，李老君。

中三教，梓潼帝君，尊武祖师，观世音菩萨。

下三教，川主，土主，药王三大圣人。

恭焚真香，虔诚奉请：弟子叩请极乐宝苍周昌大帝，神农黄帝，五谷大神，报恩会上，幽冥教主地藏王菩萨。南海岸上，救苦救难观世音菩萨。五魔大帝二菩萨，打马求财，四员官将，和合二仙，福禄财神，文武二魁神。

恭焚真香，虔诚奉请：弟子叩请灶王府君，玉池夫人，东方青帝灶府神君，西方白帝灶府神君，南方赤帝灶府神君，北方黑帝灶府神君，九天东厨师命太乙奏善灶王府君，玉池夫人。

恭焚真香，虔诚奉请：弟子叩请三千门外一乡一里土地，二乡二里土地，三乡四里土地，五五二十五里土地，日游土地，夜游土地，通天万化七郎土地，桥梁土地，坳口土地，当方土地，一切土地，天门土地，土地尊神。

恭焚真香，虔诚奉请：弟子叩请大足县以及各县城隍主者，辅德大王，一殿秦广大王，二殿楚江大王，三殿宋帝大王，四殿五官大王，五殿阎罗大王，六殿卞成大王，七殿泰山大王，八殿平等大王，九殿都市大王，十殿转轮大王；东南二岳大悲大愿大圣大慈，一心恭叩奉请地府真神，一心顶礼奉请某家亡魂，朝礼东岳天齐人威圣帝，南岳司后昭圣大帝，东南二岳大天真。

恭焚真香，虔诚奉请：弟子叩请昊天金阙玉皇大天尊，玄穹高上帝三称护法龙神，升天界菩萨。

恭焚真香，虔诚奉请：弟子叩请护法韦驮，满龛佛神，各庙请神，九峰山，会龙山，某某山，千千诸佛，万万菩萨。请在香坛会上，大作证盟。

恭焚真香，虔诚奉请：弟子叩请天上掌管，雷部雨部，风部温部，虫部鸟部，风伯雨师，雷公电母，学神博神，一切千斤将（匠）作等神；长生土地，庙门土地，左右门神，屋檐童子，虚空过往，纠察善神，一百六十应感天尊。

恭焚真香，虔诚奉请：弟子叩请东方青帝龙神，南方赤帝龙神，西方白帝龙神，北方黑帝龙神，中央皇帝，食伤丑未，土德龙神，地析上将，阴帅真君，承天效法，坤母元君，一切灵魂。

恭焚真香，虔诚奉请：弟子叩请主坛弟子，在坛诸生，名家顶敬香火佛神，祖宗先体，随坛感应，灶君土神；某氏堂上，三教香火，满龛佛神，当来下生阿弥陀佛；上三教，释迦佛，孔夫子，李老君；中三教，梓潼帝君，尊武祖师，观世音菩萨；下三教，川主，土主，药王三大圣人。

恭焚真香，虔诚奉请：弟子叩请黑府玄坛，赵侯圣主，五通冥王大帝，罗公大法老师，求财有感，四官财神，初二、十六牙祭先官；主家顶敬，张郎鲁班，赵巧尊神。

恭焚真香，虔诚奉请：弟子叩请某氏堂上老幼亡魂，香花台上诸佛诸祖诸大菩萨，长生土地，瑞庆夫人，招财童子，进宝郎君，中宫土府，九垒高皇大帝，后土紫英夫人；前朱雀，后玄武，左青龙，右白虎，前吹生荒业主，后代阜老先贤，八三二十四向，土府地脉龙神。称扬圣号，冒渎尊神。

恭焚真香，虔诚奉请：弟子叩请主家顶敬门神二将，左右先官，屋檐童子，四脚地神，吞口大神，天地水府，日月二光，本境当方土地，宅前宅后开口游师，闭口古墓；有人侍奉，无人顶敬，钱财一会，用平火化；主家顶敬满堂尊神。

恭焚真香，虔诚奉请：弟子叩请某氏堂上，一切千千诸佛，万万菩萨，一切尊神，各庙神圣；本庙堂中，报恩会上，师主师爷，传度恩师，请在香坛会上，感灵显应，大作证盟。

默像观师

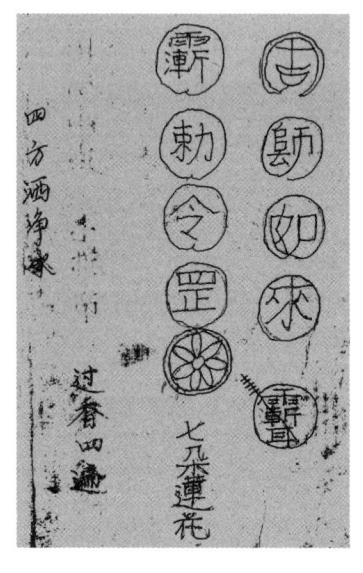

弟子顶敬，脉派祖师释迦世尊。弟子奉请海廷谢先生，善波李先生，海涛陈先生，宗杰李先生，善之余先生，师公珍荣余先生，家富蒋先生，居书冯先生，引进树高韩先生，证盟昌龙余先生。传度恩师陈大友生于甲子年全月初六子时生，系四川东道重庆府大足县关厢里十甲，地名大坡坎下，肖家老屋基生长人氏。阴传阴教师，阳传阳教师，千千

▲ 志佛心法皈僧命叁礼宝

师祖，万万师尊，请在香坛会上，大作证盟。保得弟子千叫千应，万叫万灵，乱做乱灵。请圣以毕，钱财一会，用平火化，（打卦）胜卦。

神水画后，手挽结，过香四遍，四方洒净水。一洒天门黄道开，二洒地府湧金莲，三洒佛堂（或孝堂）来解秽，四洒众神坐莲台，五洒五方戊己土，六洒厌秽悉消除。佛堂（或孝堂）不洁不净，合会人等不洁不净，合眷人等不洁不净，将神水洒净。香烛钱纸，各种用具，不洁不净，将神水洒净。一切东西，不洁不净，将神水洒净。

封持口

东斗对南斗，吾师封持口，眼下天持口，眼下地持口，年持口，月持口，日持口，时持口，男人不合持口，女人不合持口，佛堂上合会人等不合持口，佛堂上合眷人等不合持口，一切是非口舌，凶星恶煞，病痛灾难，伤车斗架，一律压在金炉脚下。弟子圆满后，才来八字阴卦，敬送他方，扫邪归正，化财土地，神之最灵，通天达地，出幽入冥，为吾传奏，不得留停，有功之日，名书上请。

志心皈命礼三称

有始有终报四恩，诚心诚意拜世尊。一堂佛法要斋戒，
拜别菩萨坐莲台。知道佛法要诚心，退心容易起心难。
南无，志心皈命礼。

参拜

参拜佛祖

开教本师释迦尊，十四太子悟本根。
不愿生劳并死苦，发愿雪山去修行。
燃灯古佛亲授计，雀巢贯顶笋穿身。
前后共计六年整，灵感中佛释迦尊。

弟子启香（启佛）申迎请，请在香坛作证盟。
南无，开教本师释迦牟尼佛。

参拜观音

观音菩萨是女身，皇宫生你贵如金。
不愿皇宫招驸马，一心只想去修行。
白雀寺中把经念，父王发怒用火焚。
火烧白雀不打紧，五百尼僧命归阴。
只有菩萨威灵应，千变万化度众生。
甲子年间生下你，二月十九子时生。
弟子启香（启佛）申迎请，请在香坛作证盟。
南无，救苦救难观世音菩萨摩诃萨。

参拜目连

目连尊者去寻娘，看见血河哭断肠。
目连生于壬辰年，七月三十寅时生。
七岁出家雷音寺，投拜名师如来佛。
赐你锡杖破地狱，明珠照破铁围城。
只因母亲不向善，因此地狱受熬煎。
弟子启香（启佛）申迎请，请在香坛作证盟。
南无，大孝目连尊天菩萨摩诃萨。

参拜地藏

地藏菩萨去寻亲，锡杖阵破铁围城。
傅相封为财帛星，刘氏青提是母亲。
大开五荤心不正，打入地狱受灾星。
不是目连行大孝，何时得出地狱门。
弟子启香（启佛）申迎请，请在香坛作证盟。

南无，幽冥教主，地藏王菩萨摩诃萨。

参拜韦驮

韦驮菩萨身穿金，手执金鞭显威灵。
韦驮修行有五劫，五劫修来明江津。
你是观音正殿将，讲经说法显威灵。
韦驮生于甲午年，六月三十寅时生。
弟子启香（启佛）申迎请，请在香坛作证盟。
南无，三洲感应护法韦驮尊天菩萨摩诃萨。

参拜千手观音

千手观音大菩萨，法宝全从手内拿。
南无寻声救苦难，自在如来观世音。
海中涌出普陀山，观音菩萨在其间。
三根紫竹为伴侣，一枝杨柳撒凡间。
鹦鹉衔花来供养，龙女献出宝千般。
脚踏莲花千朵现，手执杨柳不计年。
弟子启香（启佛）申迎请，请在香坛作证盟。
南无，广月宫中千手千眼观世音菩萨摩诃萨。

参拜四大尊神

文殊大菩萨，普贤王菩萨，观世音菩萨，得道世菩萨，
诸尊菩萨摩诃萨。

破佛（节选）

三声佛

三拜西方弥陀佛，前世未曾修，今生受苦忧。念了众生（亡魂）佛，解了众生（亡魂）罪，报恩会上求忏悔。南无，南海普陀山，

琉璃界，观音海会佛菩萨摩诃萨，解结，解结，解冤结，解了众生（亡魂）前世今生冤和孽。前生有罪今生解，今生有罪罪消灭。南无，辞别神圣三炷香，谢天谢地谢三光，穿衣吃饭谢三宝，十月怀胎谢爷娘。辞谢神，拜谢神，要往前殿把香焚。南无，拜谢西方弥陀佛。

五声佛

五拜中央毗卢佛，前世未曾修，今生受苦忧。念了众生（亡魂）佛，解了众生（亡魂）罪，报恩会上求忏悔。南无，九华山，幽冥界，地藏王佛菩萨摩诃萨，解结，解结，解冤结，解了众生（亡魂）前世今生冤和孽。前生有罪今生解，今生有罪罪消灭。南无，辞别神圣三炷香，谢天谢地谢三光，穿衣吃饭谢三宝，十月怀胎谢爷娘。辞谢神，拜谢神，要往前殿把香焚。南无，拜谢中央毗卢遮那佛。

解秽咒

天地自然，秽气分散，洞中玄虚，晃朗太玄，八方威神，使我自然，灵宝符命，普告九天，乾罗恒那，洞罡太玄，斩妖缚邪，杀鬼万千，中山神咒，元始玉文，持诵一遍，却鬼延年，按行五狱，八海知闻，魔王束手，侍卫我轩，凶秽消散，道气长存，急急如律令。

金光咒

天地玄宗，万气本根，广修亿劫，证吾神通，三界内外，唯道独尊，体有金光，覆荫吾身，视之不见，听之不闻，包罗天地，养育群生，诵持万遍，身有光明，三界侍卫，吾帝司迎，万神朝礼，役使雷霆，鬼妖丧胆，精怪忘形，内有霹雳，雷神隐鸣，洞慧交撒，五气腾腾，金光速现，覆卫真人，急急如律令。

送神安位

奉送神来奉送神，奉送天神与地神。

天神送往天宫去，地神送在地府门。

本庙诸神我不送，留在此处镇庙庭。
男女老少来还愿，各领钱财佑黎民。
普安位菩萨摩诃萨。

奉送神来奉送神，奉送何方哪的神。
佛祖送到佛殿去，观音送在紫竹林。
本庙诸神我不送，留在此处显威灵。
普安位菩萨摩诃萨。

奉送神来奉送神，奉送何方哪的神。
城隍送到辅德宫，目连送在地府门。
本庙诸神我不送，留在此处管黎民。
普安位菩萨摩诃萨。

奉送神来奉送神，奉送何方哪的神。
观音送到南海岸，佛神送在西天门。
庙门土地我不送，留在此间管凡民。
普安位菩萨摩诃萨。

奉送神来奉送神，奉送何方哪的神。
玉皇送到灵霄殿，龙王送在海州城。
纠察善神我不送，举头三尺有神灵。
普安位菩萨摩诃萨。

奉送神来奉送神，奉送满堂众尊神。
各地何神归原位，安安稳坐镇庙庭。
普安位菩萨摩诃萨。

安位

本庙（或本宅）千千诸佛，万万菩萨，今日奉送，来日有请，普申安位，速请来临。长钱各数，撒钱一令，拿在炉中，用平火化。（胜卦）。

门神二将，屋檐童子，纠察善神，地脉龙神，一百六十应感天尊，今日奉送，来日有请，普申安位，速请来临。长钱各数，撒钱一令，拿在炉中，用平火化。

庙前庙后，宅前宅后，开口游师，闭口古墓，有人侍奉，无人顶敬，钱财一令，各散五方（阴卦）。

主坛弟子，在坛诸生，各家顶敬，香火佛神，各归各家各位。长钱各数，撒钱一令，拿在炉中，用平火化。（胜卦）。

各庙神圣，千千诸佛，万万菩萨，今日奉送，来日有请，各归各庙，各归原位，普申安位，速降来临。长钱各数，撒钱一令，拿在炉中，用平火化。（胜卦）。

师祖师爷，传度恩师，千千师祖，万万师尊，今日奉送，来日有请，普申安位，速请来临。长钱各数，撒钱一令，拿在炉中，用平火化。（胜卦）。

水碗

先用前面封持口，安位过后，鸡不乱叫，狗不乱咬，神水落地，上上大吉，人字阴卦，扫邪归正。

参考文献

1. 李传授、张划、宋朗秋：《大足宝顶香会》（附录有佛偈子全文），中国文联出版社2005年12月版。
2. 李传授：《大足宝顶香会》，大足历史文化丛书《大足非物质文化遗产》，中国戏剧出版社2012年8月版。
3. 大足区地方志办公室编纂：《宝顶香会志》，四川民族出版社2019年12月版。
4. 李传授：《宝顶香会回忆录》，《文化忆往集第二辑》，重庆市文化研究院编，2018年版。
5. 温金玉：《观音菩萨》（浮屠世界丛书），山西高校联合出版社1994年10月版。
6. 黄友良：《走遍四川自助游指南·峨眉山宗教文化游》，四川出版集团·四川科技出版社2004年5月版。
7. 中国政协重庆市大足县委员会教科文卫委员会编：《大足文史》第二十一辑《宝顶香会》，2006年12月版。
8. 《大足县民间音乐舞蹈集成》编委会编：《大足县民间音乐舞蹈集成》（有较多大足佛教音乐谱例和锣鼓曲牌），2007年1月版。
9. 妙音·文雄：《中国佛教音乐》，成都出版社1993年10月版。
10. 中国民族民间器乐曲集成·重庆市卷编辑部编：《重庆市宗教音乐专集》1990年3月版。

"重庆国家级非物质文化遗产学术研究丛书"书目

书名	书名
走马民间故事	车灯
酉阳古歌	金钱板
广阳民间故事	四川评书
石柱土家啰儿调	重庆蹬技
川江号子	梁平木版年画
南溪号子	蜀绣
木洞山歌	梁平竹帘
永城吹打	巫溪嫁花
接龙吹打	大足石雕
金桥吹打	奉节木雕
梁平癞子锣鼓	铜梁龙灯彩扎
秀山民歌	荣昌折扇
酉阳民歌	荣昌陶器
梁平抬儿调	荣昌夏布
龙骨坡抬工号子	重庆漆器
苗族民歌	永川豆豉
小河锣鼓	涪陵榨菜
铜梁龙舞	土家族吊脚楼
高台狮舞	桐君阁传统丸剂

续表

书名	书名
酉阳摆手舞	刘氏刺熨疗法
玩牛	赵氏雷火灸
川剧	燕青门正骨疗法
梁山灯戏	秀山花灯
酉阳土家面具阳戏	宝顶架香庙会
四川扬琴	丰都庙会
四川竹琴	秀山苗族羊马节
四川清音	